진짜진짜 한국사 교과서 논술

1권

선사~남북국

저자

김경선

아들 준수에게, 조카들에게, 동네 어린 친구들에게 재미있고, 유익한 이야기를 들려주고 싶어 글을 쓰고 있습니다. 2005년에 《미래과학사전》으로 과학기술부 과학문화재단에서 우수과학도서상을 받았고, 국립중앙박물관 음성 안내 서비스 원고와 국립한글박물관 어린이 책을 집필했습니다.
과학, 역사, 문화, 철학 등 다방면에 관심을 갖고 어린이·청소년 책을 기획하고 썼습니다. 그동안 쓴 책으로는 《와글 와글 할 말 많은 세계사 1》, 《떴다! 지식 탐험대-인체, 공룡》, 《돌멩이랑 주먹도끼랑 어떻게 다를까?》, 《미니스커트는 어떻게 세상을 바꿨을까?》, 《꼰대아빠와 등골브레이커의 브랜드 썰전》, 《세상을 들여다보는 한자》, 《말공부 역사공 부》, 《세상을 흔들어라 콘텐츠의 힘》 등이 있습니다.

한화주

어린이 책을 쓰고 있습니다. 친구랑 노는 것처럼 재미있고, 생각이 자라는 데 도움을 주는 글을 쓰고 싶습니다. 그동 안 쓴 책으로는 《와글와글 할 말 많은 세계사 2》, 《신통방통 거북선》, 《공부가 쉬워지는 한국사 첫걸음》, 《떴다! 지식 탐험대-민속 편·인성 편》, 《미래를 살리는 착한 소비 이야기》, 《어린이를 위한 동물 복지 이야기》, 《대한민국 도시 탐 험》, 《다문화 친구 민이가 뿔났다》, 《권정생의 호롱》 등이 있습니다.

강영주

어린이가 책을 재미있게 읽고 글을 잘 쓰는 방법을 연구하며, 국어(한글), 독해, 논술, 역사, 사회, 과학 분야에서 여러 책을 기획·집필하고 있습니다. 《고전 안에 일기 비법 있다!》가 한국출판문화산업진흥원 우수 콘텐츠로 선정되었으 며, 현재 《한국사 잡는 독해》를 〈어린이 조선〉에 연재하고 있습니다.
그동안 쓴 책으로는 《내 손으로 그리는 한국사》, 《내 손으로 그리는 세계사》, 《역사 안에 속담 있다!》, 《맞춤법 잡는 글쓰기》, 《교원 용어 한국사》, 《교원 통째로 먹는 사회·과학》, 《기탄 한글떼기》 등이 있습니다.

감수

황은희

고려대학교 역사교육과를 졸업한 뒤 서울교육대학교 대학원 사회과교육과에서 공부했습니다. 초등학교에서 아이들 을 가르치고 있으며, 그동안 쓴 책으로는 《그림으로 보는 한국사 2, 4, 5》, 《어린이들의 한국사》(공저), 《나의 첫 세계 사 여행》(공저) 등이 있습니다.

'내일 뉴스'가 되는 역사

지금도 가끔 기억나는 만화가 있어요. 제목이 〈내일 뉴스〉였는데요. 만화 속 주인공이 다른 사람들은 모르는 내일 뉴스를 보며, 다음 날 어떤 일이 일어날지 미리 아는 내용이었어요. 어릴 적 그 만화 주인공이 얼마나 부러웠는지 몰라요. 나쁜 일은 미리 막고, 좋은 일은 더 많이 경험할 수 있을 테니까요. 만약 여러분도 내일 뉴스를 볼 수 있다면 어떻게 하겠어요?

영국의 시인 바이런은 "미래에 대한 최선의 예언자는 과거다."라고 말했어요. 과거를 보면 미래를 예측할 수 있다는 뜻이죠. 과거를 기록한 역사를 돌이켜 보면, 비슷한 일이 반복되는 걸 알 수 있어요. 우리는 지금 여러분에게 내일 뉴스를 소개하려고 해요.

삼국 시대 백제, 고구려, 신라 세 나라는 차례로 고대 국가의 기틀을 마련해요. 불교로 백성들의 마음을 한데 모으고, 왕권을 강화했지요. 그리고 나라의 질서를 만들기 위해 법을 만들었어요. 이렇게 나라의 기틀을 마련하자 세 나라는 차례로 전성기를 맞아요. 전성기를 맞은 순서도 나라의 기틀을 마련한 순서와 같이 백제, 고구려, 신라 순서였지요. 아마 당시에 누군가는 나라의 기틀을 마련하면 강한 나라로 발전할 수 있다는 것을 다른 나라의 역사를 보고 알고 있었을지 몰라요.

역사를 통해 알 수 있는 내일 뉴스는 이렇게 거창한 것만 있지 않아요. 역사는 결국 사람들의 이야기지요. 우리보다 앞서 살았던 역사 속 인물들의 행동과 선택을 답안지 삼아 우리의 문제를 해결할 수 있어요. 그들의 이야기가 결국 내 삶의 내일 뉴스가 되는 것이지요.

그런데 말이에요. 무작정 역사적인 사건을 외워서는 내일 뉴스를 제대로 볼 수 없어요. 역사를 공부하고, 그 의미를 생각하는 시간이 꼭 필요해요. 옛날이야기처럼 재미있는 역사 이야기를 읽고, 그 이야기에 담긴 의미를 논술 문제를 통해 곰곰이 생각해 보세요. 그러면 역사 실력도 늘고, 나만의 내일 뉴스도 볼 수 있을 거예요. 여러분의 멋진 내일을 기원합니다!

2021년 6월 저자 일동

3

쉽고 재미있고 똑똑하게 만나는 한국사

《진짜 진짜 한국사 교과서 논술》은 초등 사회 교과서를 중심으로 한국사와 논술을 결합한 학습서입니다. 이야기를 읽으며 역사를 재미있게 이해하고, 마인드맵으로 역사적 맥락을 쉽게 짚고, 서술·논술형 문제로 역사적 의미를 똑똑하게 파악할 수 있습니다. 여기에 스스로 세우는 학습 계획표와 자신의 학습 능력을 평가할 수 있는 수행 평가까지 마련되어 자기 주도 학습 습관을 확실하게 잡아 줍니다.

하루 **3**장, **100**일 한국사 완성

| 선사~남북국 | 후삼국~고려 | 조선 건국~조선 후기 | 조선 후기~대한 제국 | 대한 제국~현대 |

선사 시대부터 우리가 살아가는 현대까지 한국사의 중요한 사건들을 총 5권으로 정리했습니다. 하루에 3장씩 이야기를 읽고 문제를 풀다 보면 100일 뒤에는 한국사의 전체 흐름을 이해하는 것은 물론, 역사적 안목까지 갖출 수 있어요.

만화처럼
흥미로운
스토리
한국사

안녕? 난 미루! 한국사 공부는 우리가 책임질게!

앞으로 진짜 진짜 역사 이야기를 들려줄 진쌤이야.

나는 은파야. 우리와 함께하면 한국사와 친해지는 건 시간 문제!

진쌤과 은파, 미루와 함께하는 한국사는 지루하거나 어렵지 않습니다. 진쌤의 친절하고 꼼꼼한 설명과 은파와 미루의 톡톡 튀는 대화는 역사 이야기에 더욱 집중할 수 있게 해 줍니다.

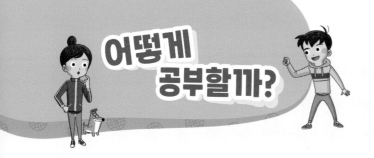

어떻게 공부할까?

❶ 나만의 학습 계획표 짜기

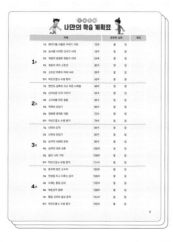

하루에 하나씩 이야기를 읽고 1장의 문제로 점검합니다. 그럼 20일에 한 권을 완성할 수 있어요. '진짜 진짜 나만의 학습 계획표'를 보면서 스스로 학습 계획을 세워 보세요.

❷ 연표로 예상하기

본격적으로 이야기를 읽기 전, 공부할 내용을 미리 생각해 볼 수 있도록 구성했습니다. 대표 그림과 제목을 보고 무엇을 이야기하는지 예상해 보세요. 또, 연표와 사진 등을 통해 어떤 사건이 일어났는지 확인한 다음, 앞으로 무슨 이야기가 펼쳐질지 미리 짐작해 보세요.

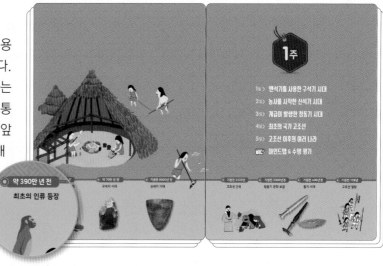

❸ 한국사 이야기 읽기

호기심 많은 은파와 미루, 친절하고 명쾌한 진쌤과 함께 한국사 이야기를 읽어 보세요. 이야기는 초등 사회 교과서를 중심으로 구성했으며, 중·고등 교과서에 실린 내용도 쉽게 풀어 다루었습니다. 교과 과정에서 꼭 다루는 역사적 사건을 비롯해 주요 인물, 역사 용어, 문화유산 등을 모두 담았습니다.

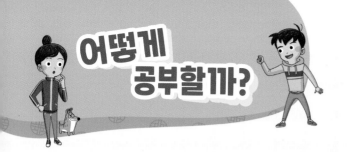

❹ 풍부한 자료 읽기

어려운 단어가 있더라도 걱정하지 마세요. 내용을 쉽게 이해할 수 있도록 낱말과 역사 용어의 뜻풀이는 물론, 한자어까지 풀어놓았어요. 또한 당시 상황을 한눈에 알 수 있는 삽화와 정보를 담은 지도, 생생한 문화유산 사진 등 풍부한 시각적 자료를 제시해 읽고 해석하는 능력과 탐구 능력을 기를 수 있습니다.

❺ 핵심 콕콕 역사 퀴즈

이야기를 다 읽은 뒤에는 역사 퀴즈를 풀어 보세요. 핵심만 딱 짚어 주는 사건 및 용어를 바탕으로 문제를 구성했습니다. 어렵고 딱딱한 시험이 아니라 마치 게임을 하듯 재미있게 문제를 풀 수 있습니다.

❻ 서술·논술 완벽 대비

핵심 개념을 퀴즈로 풀었다면, 이제 공부한 내용을 바탕으로 사고력을 높일 수 있는 서술 및 논술형 문제를 풀 차례입니다. 역사의 주요 사건을 중심으로 원인과 결과를 분석하고, 자신의 생각을 정리해 볼 수 있습니다.

❼ 한눈에 쏙 마인드맵

한 주 과정을 모두 마치고 난 다음, 역사적 사건과 맥락을 마인드맵으로 요약·정리합니다. 주요 사건의 앞뒤 상황을 이해하고 내용의 흐름을 한눈에 파악할 수 있습니다. 시험에 자주 나오는 핵심 개념 중심으로 정리한 마인드맵으로 체계적인 학습을 해 보세요.

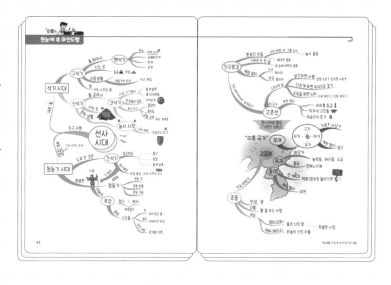

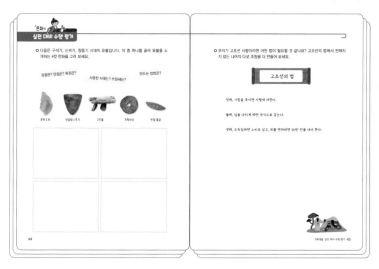

❽ 실전 대비 수행 평가

앞서 읽은 내용을 스스로 정리하며 마무리하는 활동입니다. 수행 평가를 미리 학습할 수 있어 교과 과정을 따라가는 데에도 효과적입니다. 다양한 활동으로 구성한 수행 평가로 자기 주도 학습 능력을 길러 보세요.

부록

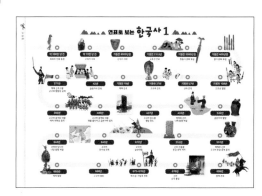

연표로 보는 한국사

각 권마다 시대별 주요 인물과 사건, 문화유산 등을 쭉 훑어볼 수 있는 연표가 수록되어 있습니다. 시대별 변화를 비교해 보며 역사와 문화, 인물, 생활 등을 한눈에 펼쳐 보세요.

진짜진짜 교과 관련 연계 학습표

권	관련 교과
1권 선사 ~ 남북국	**초등 [사회 5-2]** 1. 옛사람들의 삶과 문화 (1) 나라의 등장과 발전 **중등** Ⅰ. 선사 문화와 고대 국가의 형성 Ⅱ. 남북국 시대의 전개
2권 후삼국 ~ 고려	**초등 [사회 5-2]** 1. 옛사람들의 삶과 문화 (2) 독창적 문화를 발전시킨 고려 **중등** Ⅲ. 고려의 성립과 변천
3권 조선 건국 ~ 조선 후기	**초등 [사회 5-2]** 1. 옛사람들의 삶과 문화 (3) 민족 문화를 지켜 나간 조선 **중등** Ⅳ. 조선의 성립과 발전
4권 조선 후기 ~ 대한 제국	**초등 [사회 5-2]** 2. 사회의 새로운 변화와 오늘날의 우리 (1) 새로운 사회를 향한 움직임 **중등** Ⅴ. 조선 사회의 변동
5권 대한 제국 ~ 현대	**초등 [사회 5-2]** 2. 사회의 새로운 변화와 오늘날의 우리 　(2) 일제의 침략과 광복을 위한 노력 　(3) 대한민국 정부의 수립과 6·25 전쟁 **초등 [사회 6-1]** 1. 우리나라의 정치 발전 (1) 민주주의의 발전과 시민 참여 2. 우리나라의 경제 발전 (2) 우리나라의 경제 성장 **중등** Ⅵ. 근·현대 사회의 전개

* 중학교 역사 교과서는 금성출판사를 바탕으로 기재했습니다.

진짜진짜 나만의 학습 계획표

약 390만 년 전

최초의 인류 등장

약 70만 년 전

구석기 시대

기원전 8000년 전

신석기 시대

1주

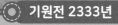
기원전 2333년	기원전 2000년경	기원전 400년경	기원전 108년
고조선 건국	청동기 문화 보급	철기 시대	고조선 멸망

뗀석기를 사용한 구석기 시대

얘들아, 안녕! 오늘부터 쌤이 진짜진짜 재미있는 역사 이야기를 해 줄게.

쌤! 역사는 아주아주 먼 옛날 일인데 어떻게 알 수 있죠?

맞아요, 그때는 글자도 없었을 텐데!

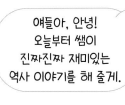

인류 사람을 동물과 구별하여 부르는 말

先 먼저 **선**
史 역사 **사**

歷 지낼 **역**
史 역사 **사**

아주 먼 옛날, 그러니까 수십만 년 전 지구에는 지금 우리의 모습과 조금 다른 모습의 인류가 있었어. 너희가 말한 것처럼 그때는 문자가 발명되지 않아서 글로 기록된 것이 없지. 그래서 우리는 유물과 유적을 통해 그 시대를 알 수 있을 뿐이란다. 이렇게 문자를 사용하기 이전 시대를 '선사 시대'라고 해. 이후 문자로 기록된 시대는 따로 구분

인류는 어떻게 진화했을까?

오스트랄로피테쿠스
직립 보행

네 발 달린 짐승과 달리 두 발로 걸었어.

호모 하빌리스
도구 사용

두 발로 걸으니 손이 자유로워졌지. 그래서 도구를 만들었어.

호모 에렉투스
불 이용

불이 있으면 무섭지 않아. 고기도 구워 먹을 수 있고.

호모 사피엔스
현재 인류

직립 보행, 도구 사용, 불! 3종 세트 완성!

해서 '역사 시대'라고 하지.

선사 시대 사람들은 주위에서 구하기 쉬운 나무, 돌, 동물 뼈 등을 이용해서 도구를 만들었어. 특히 돌은 단단해서 도구를 만들기 좋은 재료였지. 인류는 아주 오랫동안 돌을 이용해서 도구를 만들었는데, 이 시대를 '석기 시대'라고 해. 석기 시대는 아주아주 길어서 도구를 만드는 방식에 따라 다시 구석기 시대와 신석기 시대로 나누어.

구석기 시대에는 큰 돌을 깨뜨리거나 떼어 내는 방식으로 도구를 만들었어. 이렇게 만든 도구를 떼어 낸 석기라는 의미로 '뗀석기'라고 해. 떼어 낸 돌은 끝이 날카로워서 돌을 그냥 쓰는 것보다 훨씬 쓸모 있지. 특히 주먹 도끼는 한 손에 쥐고 사냥을 하거나 가죽을 벗기고 땅을 파는 등 다양한 용도로 쓸 수 있었어. 구석기 시대 사람들은 뗀석기를 가지고 사냥을 하거나 채집을 해서 식량을 구했단다.

구석기 시대 사람들은 무엇을 입었을까? 동물의 가죽이나 주변에서 구하기 쉬운 커다란 나뭇잎, 풀 등으로 옷을 지어 입어 몸을 보호했어.

舊	옛	**구**
石	돌	**석**
器	그릇	**기**

주먹 도끼 작은 도끼 모양처럼 생겼지? 한 손에 쥐고 날카로운 쪽으로 물건을 자르거나 땅을 팠어.

쓰임에 따라 모양이 다른 뗀석기들

슴베찌르개 긴 나무 자루에 꽂아 사냥할 때 써.

찍개 주로 나무를 자를 때 써.

긁개 나무나 가죽을 다듬을 때 써.

한반도 우리나라 국토를 이르는 말

유물 인류가 후대에 남긴 물건

유적 역사적인 사건이 벌어졌던 곳이나 흔적이 있는 자리, 또는 건축물

한반도에 구석기 시대 사람들이 살기 시작한 것은 약 70만 년 전부터였어. 어떻게 알 수 있느냐고? 아까 말했듯이 남겨진 유물과 유적을 통해서 알지.

아래 지도에서 구석기 시대 유적지를 찾아 봐. 가만히 살펴보면 구석기 시대 유적지에는 공통점이 있다는 걸 알게 될 거야. 그게 뭘까?

맞아. 주로 동굴과 막집에서 사람의 뼈와 동물 뼈, 뗀석기가 발견되었어. 이것으로 구석기 시대 사람들은 동굴과 막집에서 살았다는 걸 알 수 있지. 동굴에서 살면 비바람도 피하고, 동물들의 공격도 막을 수 있었어. 그리고 강가에서는 막집을 지어 비바람을 피했지. 막집은 나무줄기 같은 것을 얽어 간단하게 지은 집인데, 작게 지어 3~4명이 살거나, 크게 지어 10명 정도 살기도 했어.

▼ 구석기 시대 유적지

종성 동관진

웅기 굴포리

덕천 승리산 동굴

상원 검은 모루 동굴

연천 전곡리

제천 점말 동굴

공주 석장리

청원 두루봉 동굴

제주 빌레못 동굴

음… 구석기인들은 주로 동굴에서 살았구나.

14

충남 공주 석장리나 함북 웅기 굴포리, 경기도 연천 전곡리에는 막집의 흔적이 남아 있지. 그곳에서는 막집을 세운 기둥 자리, 불을 피웠던 화덕 자리, 담을 쌓은 흔적이 발견되었단다.

구석기인들이 이렇게 동굴에서 살거나 막집을 짓고 살았던 이유는 뭘까? 그건 한곳에서 오래 살 수 없었기 때문이야. 사냥과 채집으로 식량을 구했던 구석기인들은 살던 곳에서 먹을 것이 떨어지면 먹을 거리를 찾아 새로운 곳으로 떠나야 했거든. 하지만 혼자 떠돌아다니지는 않았어. 사냥과 이동은 위험하고, 힘이 들기도 해서 여럿이 힘을 모아야 했지. 그래서 구석기인들은 무리 지어 생활했단다.

우리나라 구석기 유적이 의미 있는 이유는 또 있어. 구석기 시대의 만능 도구라고 할 수 있는 '주먹 도끼'가 연천 전곡리에서 발견되었거든. 주먹 도끼가 발견된 것은 1978년으로, 그전까지는 이 지역에서 주먹 도끼를 쓰지 않았다고 여겼어. 일부 학자들은 주먹 도끼가 발견되지 않았다는 이유로 동아시아 지역을 구석기 시대 중에서도 좀 뒤처진 지역으로 취급하기도 했지. 하지만 연천 전곡리에서 주먹 도끼가 발견되면서 그런 말은 쏙 들어갔어. 유물과 유적은 먼 옛날의 비밀을 밝혀 주는 비밀 열쇠 같지. 이후에도 인류는 계속 돌로 도구를 만들어 사용했단다.

採 캘 **채**
集 모을 **집**
널리 찾아서 얻거나 캐거나 잡아 모으는 일

경기도 연천 전곡리에서 발견된 주먹 도끼

동아시아 아시아의 동쪽 지역. 한국, 중국, 일본 등이 여기에 포함돼.

두루봉 동굴 유적지

핵심 콕콕 역사 퀴즈

① 다음 설명을 읽고 빈칸에 들어갈 알맞은 낱말을 **보기**에서 골라 써 보세요.

| 주먹 도끼 | 뗀석기 | 슴베찌르개 | 채집 |

(1) 구석기인들은 사냥과 _____ 을/를 통해서 먹을거리를 얻었다.

(2) 주로 사냥할 때 쓰는 _____ 은/는 긴 나무 자루에 꽂아서 썼다.

(3) 구석기 시대에는 돌을 떼어 낸 _____ 을/를 만들어 사용했다.

(4) _____ 은/는 가죽을 벗기고 땅을 파는 등 다양하게 쓸 수 있었다.

② 구석기 시대에 대한 설명으로 알맞은 낱말을 찾아 ○표 해 보세요.

(1) 구석기 시대 사람들은 (이동 , 정착) 생활을 했다.

(2) 구석기인들은 주로 (동물의 가죽 , 종이)(으)로 몸을 보호했다.

(3) 구석기인들이 주로 생활한 곳은 (동굴 , 초가집)(이)다.

서술 · 논술 완벽 대비

1 인류를 동물과 구분 짓는 특징 세 가지를 써 보세요.

2 구석기인들은 왜 한곳에 머물지 않고 이동하며 살았을까요? 그림을 보고 그 까닭을 써 보세요.

농사를 시작한 신석기 시대

구석기 다음이 신석기 맞죠?

뭔가 '새로운' 이야기가 잔뜩 있을 거 같아요.

새로울 신 新

헥 헥

오호~ 녀석들! 진짜 놀라운 일이 생겼지.

新 새로운 **신**
石 돌 **석**
器 그릇 **기**

신석기 시대에는 돌로 도구를 만드는 기술이 더 발전하여 간석기를 만들었어. 간석기는 말 그대로 돌을 갈아서 만든 도구라는 뜻이야.

돌을 갈면 돌을 떼어 내는 것보다 시간이 오래 걸리긴 하지만 도구를 더 정교하게 만들 수 있어. 원하는 모양을 더 정확하게 만들고, 날도 날카롭고 가늘게 만들 수 있지. 한번 만든 간석기는 뗀석기보다 오래 썼어. 날이 뭉툭해질 때마다 다시 갈면 되니까 계속 쓸 수 있는 거지.

여러 가지 간석기들

돌괭이 땅을 파거나 흙을 고를 때 사용했어.

돌보습 땅을 갈 때 사용했어.

갈돌과 갈판 나무 열매와 곡식의 껍질을 벗기고, 가루로 만드는 데 사용했어.

이렇게 만들어진 도구에는 돌괭이와 돌보습, 갈돌과 갈판 등이 있어. 도구의 이름과 쓰임이 구석기 시대와는 매우 다르지? 괭이와 보습은 어디에 쓰이는 도구일까? 바로 농사를 짓는 데 사용해.

신석기 시대에 이르자 인류는 농사를 짓기 시작했어. 땅에 씨를 뿌리고 곡식이 익으면 거두어들였지. 농사를 지으면서 사람들의 생활은 크게 달라졌어. 그래서 이것을 '농업 혁명' 또는 '신석기 혁명'이라고 해. 혁명은 이전의 방식을 단번에 깨뜨리는 것을 말해.

농사를 지으면서 신석기인들은 떠돌아다닐 필요가 없어졌어. 그리고 더 많은 사람이 모여 마을을 이뤘지. 농사일은 혼자 힘으로 하기 어렵거든. 농사에 적합한 땅을 고르는 일부터 씨를 뿌리고 곡식을 거두는 것까지 여럿이 함께해야 했어. 그래서 마을을 이뤄 살았던 거야.

돌 화살촉 나뭇가지 끝에 매달아 화살로 사용했어.

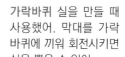

가락바퀴 실을 만들 때 사용했어. 막대를 가락바퀴에 끼워 회전시키면 실을 뽑을 수 있어.

돌 낚싯바늘 물고기를 잡을 때 사용했어.

신석기 시대는 농사로 얻은 곡식을 고르게 나눠 먹는 평등한 사회였는데, 그래도 마을을 이끄는 지도자가 있었어. 경험이 풍부한 어른이 마을 지도자가 되었지. 농사를 잘 지으려면 날씨 변화를 미리 아는 것이 중요하잖아. 오랜 경험으로 언제 씨를 뿌려야 하는지, 언제 추수를 해야 하는지 잘 아는 사람을 마을 사람들이 지도자로 따른 거지.

가축을 기르는 일도 신석기 시대에 시작되었어. 이동하지 않고 한 곳에 정착해서 살다 보니, 사냥한 동물을 바로 잡아먹지 않고 나중에 천천히 잡아먹거나 여러 마리를 길러서 새끼를 얻은 거야.

이번에는 서울 강동구 암사동으로 가 보자. 1925년 우리나라에 큰 홍수가 나서 빗물에 많은 것이 쓸려 내려갔어. 그러자 암사동 땅속에 묻혀 있던 것이 드러났지. 그건 길쭉한 줄무늬가 그려진 토기 조각, 바로 빗살무늬 토기의 일부였어. 빗살무늬 토기는 암사동을 중심으로 한반도 곳곳에서 발견되었지. 신석기 시대 사람들이 그만큼 빗살무늬 토기를 많이 만들어 사용했다는 증거야.

土 흙 토
器 그릇 기

빗살무늬 토기

신석기 시대 사람들은 토기에 음식 재료를 담은 뒤, 불에 익혀 먹었어. 농사로 얻은 곡식을 토기에 담아 보관하기도 했지. 토기가 많다는 것은 보관할 식량도 많다는 의미였어.

빗살무늬 토기가 발견된 암사동에서는 신석기 시대의 집터도 발견되었단다. 신석기인들은 '움'을 파고 집을 지었어. 움은 땅을 파고 그 둘레에 짚 같은 것을 덮은 곳을 말해. 신석기인들은 움에 나무 기둥을 세운 뒤 갈댓잎이나 줄기를 엮어 덮은 '움집'에서 살았어. 집 안에는 불을 피워 음식을 만들고 공기도 따뜻하게 데웠지.

▲ 신석기인들은 먹을 것을 구하기 쉬운 강가나 바닷가 근처에서 살았어.

암사동 신석기 집터
흰색 선으로 표시한 곳은 화덕이 있던 자리야.

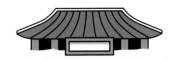

핵심 콕콕 역사 퀴즈

❶ 다음 설명을 읽고 빈칸에 들어갈 신석기 도구를 **보기** 에서 골라 써 보세요.

> **보기**
>
> 가락바퀴   돌보습   갈돌과 갈판   빗살무늬 토기

(1) _____ (으)로 실을 뽑아서 옷을 지었다.

(2) 곡식은 _____ 에 담았다.

(3) 곡식은 _____ (으)로 곱게 갈았다.

(4) 땅은 _____ (으)로 갈았다.

❷ 신석기 시대에 대한 설명으로 알맞은 낱말을 찾아 ○표 해 보세요.

(1) 신석기인들은 주로 (동굴 , 움집)에서 살았다.

(2) 신석기인들은 돌을 갈아 만든 (뗀석기 , 간석기)를 사용했다.

서술·논술 완벽 대비

① 여러분이 신석기인이 되어 토기를 만든다면 어떤 무늬를 새기고 싶나요? 토기에 새기고 싶은 모양을 그려 보세요.

> 빗살무늬 토기는 꼭 빗물이나 햇살 모양을 새긴 것 같아.

② 신석기인들이 살았던 움집의 특징은 무엇일까요? 문화유산 해설사가 되어 움집의 특징과 장점을 설명해 보세요.

계급이 발생한 청동기 시대

기원전 2000년 무렵 사람들은 새로운 것을 발견했어. 바로 금속이지. 금속 중에서도 구리는 자연에서 쉽게 구할 수 있었지만, 잘 구부러져서 도구를 만드는 데 알맞지 않았어. 그래서 구리에 주석이나 아연 같은 다른 금속을 섞어서 단단한 청동기를 만든 거야. 청동기는 석기보다 더욱 날카롭고 예리한 도구였어. 하지만 모든 도구를 청동으로 만들지는 못했지. 금속은 돌보다 구하기 쉽지 않았고, 금속을 녹여서 청동을 만드는 과정도 꽤 어려웠거든.

青 푸를 **청**
銅 구리 **동**
器 그릇 **기**
구리와 주석을 섞어서 만든 것으로, 녹이 슬면 푸른빛을 띠어 청동이라고 해.

거푸집 초기 철기 시대에 만들어진 한국식 청동검의 거푸집이야.

청동기 시대에 쓰인 간석기

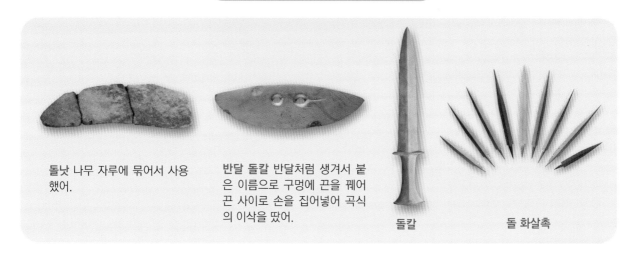

돌낫 나무 자루에 묶어서 사용했어.

반달 돌칼 반달처럼 생겨서 붙은 이름으로 구멍에 끈을 꿰어 끈 사이로 손을 집어넣어 곡식의 이삭을 땄어.

돌칼

돌 화살촉

그래서 사실 청동기 시대에는 돌로 만든 간석기를 두루 썼어. 청동기는 특별한 사람들이 가질 수 있었지. 청동기 시대에서 특별한 사람들이란 누구였을까? 신석기 시대까지만 해도 평등한 사회였는데 말이야.

청동기 시대에는 농사 기술이 발달하면서 조, 피, 수수뿐 아니라 벼 농사까지 지었어. 덕분에 생산량이 늘면서 남는 식량도 많아졌지. 그런데 남은 식량을 모두 똑같이 나눠 가지지 않고 일부 사람이 더 많이 차지하게 된 거야. 힘이 세고 강한 사람, 바로 청동기 시대의 특별한 사람들이었지.

특별한 대우를 받는 사람이 있다는 건 사회가 불평등하며, 사람 사이에 계급이 생겨났다는 걸 뜻해.

그럼 이번에는 청동기 시대의 지배자인 족장을 만나 볼까?

민무늬 토기 청동기 시대를 대표하는 토기로 바닥이 평평하고 무늬가 없는 게 특징이야.

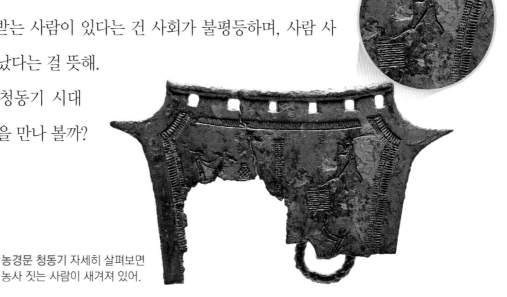

농경문 청동기 자세히 살펴보면 농사 짓는 사람이 새겨져 있어.

족장 종족의 우두머리

제사장 하늘에 제사를 지내는 사람

제정일치 한 사람이 정치 지도자와 제사장을 동시에 도맡는 것

"만나서 반가워요. 나는 마을의 족장이자 제사장이에요. 여기는 제정일치 사회여서 제사와 정치를 내가 모두 도맡아요. 농사는 날씨에 영향을 받기 때문에 하늘에 제사를 지내는 일은 아주 중요해요. 내가 신경 써서 제사를 올리는 이유죠.

우리 마을을 더 큰 마을로 만들기 위해 이웃 마을을 공격하는 데에도 서슴치 않아요. 사실 공격하지 않으면 반대로 공격을 당할 수 있어서 전쟁을 피할 수는 없죠. 지난 전쟁에 이기면서 이웃 마을 사람들이 우리의 노비가 되었어요. 그들의 식량도 이제 우리 것이고요. 그래서 사람들은 강한 지도자를 원하고, 지도자의 보호를 받기 위해 충성을 다하지요.

최근에는 전쟁이 계속 이어지면서 마을이 점차 커지고 있어요. 아마 곧 국가가 생겨나지 않을까 생각합니다."

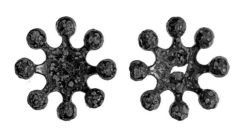

청동 방울 8개의 가지 끝에 청동 구슬이 달려 있어서 '팔주령'이라고도 해. 제사를 지낼 때 사용했어.

청동 거울 앞면(왼쪽)과 뒷면 앞면은 이렇게 무늬가 없어서 빛을 반사하거나 얼굴을 비춰 볼 수 있어. 뒷면에는 무늬를 새겼지.

청동기는 멋진 장식품이 되어 족장의 권위를 세워 주었어. 제사를 지낼 때 족장은 청동 검을 차고 청동 방울을 흔들어서 신령한 소리를 냈어. 청동 거울을 옷에 달고 햇빛에 반사시키면 신비롭게 보였지. 그 모습에 사람들은 더욱 족장을 믿고 따랐어.

강화도에 있는 고인돌

▼ **고인돌 유적지** 북쪽에는 탁자 모양의 고인돌이 많고, 남쪽에는 바둑판 모양의 고인돌이 많아.

강화도
고창
화순

고인돌 분포지

족장의 권위는 고인돌을 통해서도 알 수 있어. 고인돌은 '괴어 있는 돌'이라는 뜻으로, 청동기 시대의 무덤이라고 해. 고인돌은 세계 곳곳에 있는데 가장 많은 곳이 바로 우리나라야. 강화도와 고창, 화순 등 주요 고인돌 유적지가 유네스코 세계유산으로 지정되었단다. 고인돌은 여러 사람이 함께 만들어야 하기 때문에 사람들을 동원할 수 있는 힘을 가진 지배자의 무덤일 것으로 추측해. 고인돌 위에 놓인 덮개돌 중에는 50톤이 훨씬 넘는 것도 있단다.

고인돌 만드는 과정

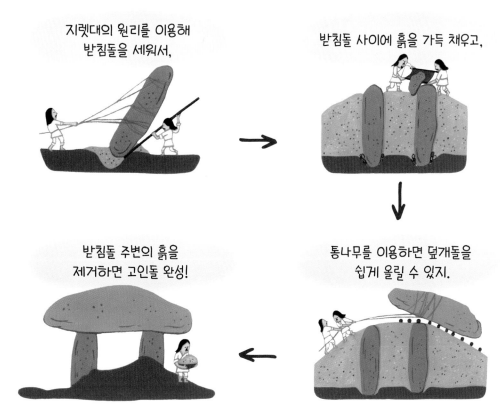

지렛대의 원리를 이용해 받침돌을 세워서,

받침돌 사이에 흙을 가득 채우고,

통나무를 이용하면 덮개돌을 쉽게 올릴 수 있지.

받침돌 주변의 흙을 제거하면 고인돌 완성!

핵심 콕콕 역사 퀴즈

1 청동기 시대에 대한 설명으로 맞으면 ○표, 틀리면 ✕표 해 보세요.

⑴ 더 큰 마을로 만들기 위해 전쟁을 일으켰다. (　　　)

⑵ 족장은 마을을 다스리는 일뿐만 아니라 하늘에 제사를 지내는 일까지 했다. (　　　)

⑶ 단단하고 날카로운 청동기는 누구나 사용할 수 있었다. (　　　)

⑷ 농사 기술이 발달해서 벼농사까지 지었다. (　　　)

2 고인돌을 만드는 순서대로 빈칸에 번호를 써 보세요.

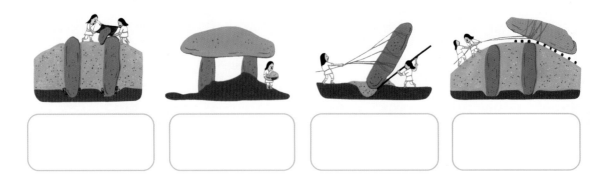

서술·논술 완벽 대비

① 빈칸에 들어갈 알맞은 낱말을 **보기**에서 골라 써 보세요.

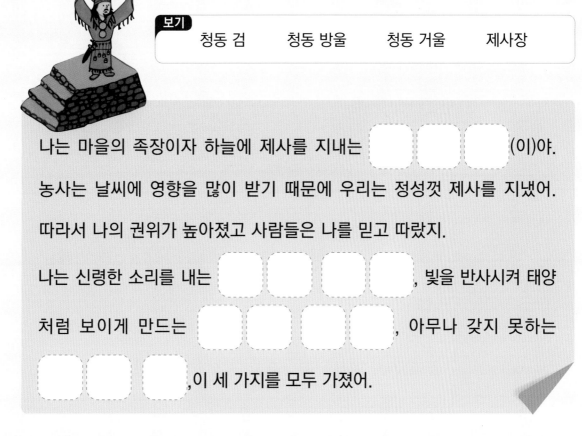

보기

청동 검   청동 방울   청동 거울   제사장

나는 마을의 족장이자 하늘에 제사를 지내는 ☐☐☐(이)야.

농사는 날씨에 영향을 많이 받기 때문에 우리는 정성껏 제사를 지냈어.

따라서 나의 권위가 높아졌고 사람들은 나를 믿고 따랐지.

나는 신령한 소리를 내는 ☐☐☐☐, 빛을 반사시켜 태양

처럼 보이게 만드는 ☐☐☐☐, 아무나 갖지 못하는

☐☐☐,이 세 가지를 모두 가졌어.

② 고인돌을 통해 청동기 시대에 대해 알 수 있는 것을 모두 써 보세요.

✎

최초의 국가 고조선

자, 이제 우리 역사 속 최초의 국가에 대해서 이야기해 줄게.

이름하여 단군왕검이 세운 고조선이죠.

단군왕검 이야기도 들려주세요.

《삼국유사》 고려 시대 승려 일연이 쓴 역사책

《삼국유사》에 따르면 옛날 옛적 하늘을 다스리는 신 환인과 그의 아들 환웅이 있었어. 환웅은 항상 인간 세상으로 가서 세상을 다스리고 싶어 했지. 환웅의 마음을 알게 된 환인은 환웅이 인간 세상으로 가는 것을 허락했어.

환웅은 바람과 비, 구름을 다스리는 신하와 하늘 나라 사람 3천 명을 이끌고 태백산으로 갔어. 땅에 내려온 환웅은 곡식, 목숨, 질병, 형벌, 선악 등 세상에서 일어나는 수백 가지의 일을 다스렸지. 그러던 어느 날, 곰 한 마리와 호랑이 한 마리가 환웅을 찾아와 부탁했어.

"환웅이시여, 부디 사람이 되게 해 주소서."

환웅은 곰과 호랑이에게 100일 동안 동굴 속에서 지내며 햇빛을 보지 않고 쑥과 마늘만 먹으라고 했어. 곰과 호랑이는 동굴에서 환웅의 말대로 지냈지. 하지만 호랑이는 얼마 못 가 동굴을 뛰쳐나가고, 곰은 끈질기게 버텨 사람이 되었어. 여자가 된 곰은 환웅과 혼인하여 아들을 낳았는데, 그 아들이 바로 고조선을 세운 단군왕검이야.

《삼국유사》에 나온 고조선의 건국 이야기를 통해 무엇을 알 수 있을까?

건국 나라를 세움

먼저 단군왕검이 환웅의 아들이라는 것은 한 나라를 세운 인물이 위대한 영웅이라는 것을 뜻해. 바람과 비, 구름을 다스리는 신하와 함께 내려왔다는 것은 농사를 짓는 사람들이 한반도로 왔다는 뜻이야. 바람, 비, 구름은 농사에 영향을 주는 날씨와 관련이 있으니까.

그렇다면 곰만 사람이 되고, 호랑이는 사람이 되지 못한 것은 어떤 의미일까? 당시 사람들은 동물을 숭배했어. 특히 곰이나 호랑이처럼 힘센 동물들을 숭배했지. 그러니까 곰을 숭배하는 곰 부족과 호랑이를 숭배하는 호랑이 부족이 있었던 거야. 그런데 곰 부족과는 힘을 합쳤고, 호랑이 부족과는 사이가 나빴다고 추측할 수 있어.

그럼 이번에는 고조선의 법을 통해 고조선이 어떠한 사회였는지 살펴보자. 고조선의 법은 8개 조항이 있었지만 지금은 3개 조항만 전해져.

첫째, 사람을 죽이면 사형에 처한다.
둘째, 남을 다치게 하면 곡식으로 갚는다.
셋째, 도둑질하면 노비로 삼고, 죄를 면하려면 50만 전을 내야 한다.

첫 번째 조항을 통해 고조선은 엄격한 사회였다는 걸 알 수 있어. 사람을 죽이면 사형을 당할 정도인 거지. 또 사람의 목숨을 소중하게 여겼다는 것도 알 수 있어. 두 번째 조항에서 남을 다치게 하면 곡식으로 갚으라는 것으로 보아 대부분 농사를 짓고 살았다는 걸 짐작할 수 있어. 곡식이 돈처럼 쓰인 거니까. 마지막으로 도둑질한 사람을 노비로 삼는다는 것은 고조선에 사유 재산 제도와 신분 제도가 있었다는 걸 의미해. 개인이 재산을 갖는 걸 인정했기 때문에 도둑질이 큰 죄가 되는 거고, 신분 제도가 있었기 때문에 노비로 삼았던 거지.

사유 재산 개인이 관리하거나 사용할 수 있는 재산

법을 만들어 사회 질서를 바로잡은 고조선은 요동 지역에서 한반도

살인 X
남을 다치게 하는 것 X
도둑질 X
죄다 하지 말라는
것들이네요?

그래서 고조선의 법을
'범금 8조'라고도 해.

범하는 것을 금하는
8가지 조항이라는 뜻이네요.

소변 금지

우리나라 동검과 중국 동검의 차이

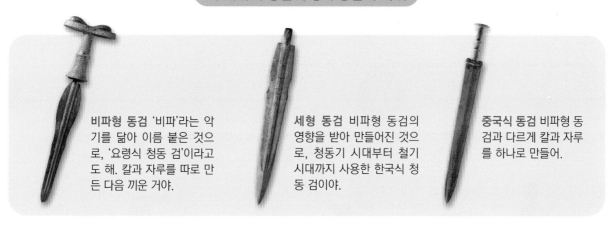

비파형 동검 '비파'라는 악기를 닮아 이름 붙인 것으로, '요령식 청동 검'이라고도 해. 칼과 자루를 따로 만든 다음 끼운 거야.

세형 동검 비파형 동검의 영향을 받아 만들어진 것으로, 청동기 시대부터 철기 시대까지 사용한 한국식 청동 검이야.

중국식 동검 비파형 동검과 다르게 칼과 자루를 하나로 만들어.

까지 세력을 떨쳤어. 고조선을 대표하는 문화유산에는 비파형 동검과 미송리식 토기, 탁자식 고인돌이 있어. 이 유물들이 분포한 지역은 고조선의 영향이 미쳤다는 걸 알 수 있지.

고조선 후기에는 철기 문화가 발달했어. 고조선은 철제 무기와 철제 농기구로 더 강한 나라가 되었지. 중국 한나라에서 만든 철기를 가져다가 주변 나라에 파는 등 중계 무역으로 경제적 이익을 얻었단다. 하지만 고조선은 청동기 시대에서 철기 시대로 이어지던 기원전 108년에 중국 한나라의 공격으로 멸망했어.

명도전 우리나라에서 사용한 중국 전국 시대의 화폐야. 고조선과 중국이 활발하게 교류한 걸 알 수 있어.

미송리식 토기 의주 미송리에서 발견되어 미송리식 토기라고 불러.

같은 물건을 만들고 썼으니까 같은 문화를 가졌다고 할 수 있어.

고조선 문화 범위
비파형 동검
미송리식 토기
탁자식 고인돌

백두산
고조선
동해
평양
황해

▲ 고조선의 문화 범위

핵심 콕콕 역사 퀴즈

○ 다음은 무엇을 설명한 것일까요? 초성 힌트를 보고 답을 써 보세요.

(1) 우리 역사 속 최초의 국가로 청동기 시대와 철기 시대에 걸쳐 번성하였다.

(2) 고조선을 세운 인물로, 통치자를 뜻하는 이름과 제사장을 뜻하는 이름이 합쳐진 것으로 보아 통치와 제사 둘 다 했다는 걸 알 수 있다.

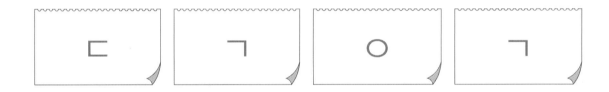

(3) 모양이 비파라는 악기를 닮았고 칼과 자루를 따로 만들어 끼웠다.

(4) 평안북도 의주군 미송리에서 발견된 토기로, 손잡이가 있다.

서술·논술 완벽 대비

1 단군왕검 이야기를 통해 알 수 있는 내용은 무엇인지 써 보세요.

(1) 환웅이 바람과 비, 구름을 다스리는 신하와 함께 내려왔어요.

(2) 곰과 호랑이가 환웅을 찾아왔어요.

(3) 사람이 된 곰과 환웅이 결혼해서 단군왕검을 낳았어요.

(1)

(2)

(3)

2 고조선의 법을 통해서 알 수 있는 내용을 모두 써 보세요.

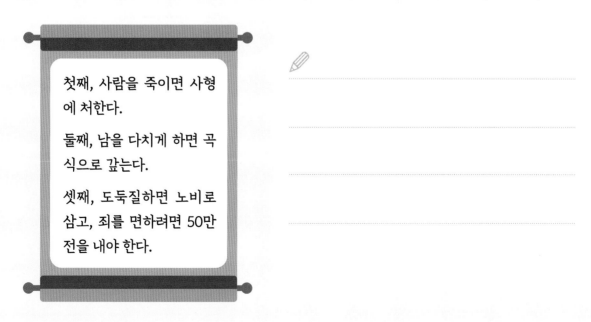

첫째, 사람을 죽이면 사형에 처한다.

둘째, 남을 다치게 하면 곡식으로 갚는다.

셋째, 도둑질하면 노비로 삼고, 죄를 면하려면 50만 전을 내야 한다.

고조선 이후의 여러 나라

고조선이 건국되고 얼마 뒤, 북쪽 지역에 '부여'라는 나라가 세워 졌어. 부여는 왕과 관리가 구역을 나누어서 다스리는 나라였어. 왕이 중앙을 다스리고 동서남북으로 나뉜 네 지역을 지방 관리가 다스리는 거야. 나라의 중요한 일은 왕과 지방 관리가 상의해서 결정했지. 지방 관리는 '가'라고 불렸는데 지역마다 동물 이름을 따서 '마가', '우가', '저 가', '구가'로 불렀어. 왜 동물 이름을 땄느냐고?

부여에서는 말을 비롯한 가축이 많았어. 농사도 지었지만, 가축을 기르고 사냥도 많이 하는 나라였거든. 지방 관리를 부를 때 동물 이 름을 딴 이유가 바로 여기에 있어.

부여의 제천 행사는 '영고'라고 하는데, 사냥이 시작되는 12월에 열렸어. 다른 나라는 보통 추수하는 가을에 제천 행사를 여는데 부여는 달랐던 거지. 영고가 열리면 부여 사람들은 제사를 지내고 음식을 나눠 먹으며 흥겨운 시간을 보냈어.

자, 이번에는 흥미로운 건국 이야기를 하나 해 줄게.

먼 옛날에 말이야. 하늘에서 내려온 해모수와 물의 신 하백의 딸 유화가 서로 사랑했어. 유화는 해모수의 아기를 가졌지. 그런데 해모수가 하늘로 돌아가 버렸고 유화는 집에서 쫓겨났어. 다행히 부여 금와왕이 유화를 도와주었지. 시간이 흘러 유화는 아기를 낳았는데 놀랍게도 사람이 아니라 알이었어. 금와왕은 알을 내다 버리라고 했지. 그런데 동물들이 알을 깨지지 않도록 보호하지 뭐야. 금와왕은 알을 다시 가져왔어. 얼마 뒤 알에서 아이가 나왔지. 유화는 아이를 정성으로 키웠어. 아이는 커 갈수록 늠름해졌지. 말을 잘 타고, 활도 잘 쏴서 '주몽'이라고 이름을 지었어. 부여에서는 활을 잘 쏘는 사람을 주몽이라고 불렀거든.

제천 행사 농사가 잘 되고 나라가 발전하기를 바라며 하늘에 지내는 제사

알에서 사람이 나오다니 놀라운 이야기네요!

아직 놀라긴 일러. 알에서 나온 사람들이 더 있거든.

아~ 빨리 듣고 싶어요.

그런데 금와왕의 아들들이 주몽을 시기하기 시작했어. 위험을 느낀 유화는 아들 주몽에게 남쪽으로 가서 뜻있는 일을 하라고 했지. 그렇게 남쪽으로 떠난 주몽은 압록강 근처에 있는 졸본에 나라를 세웠어.

이 이야기는 고구려를 세운 주몽의 이야기야. 말 잘 타고, 활 잘 쏘는 주몽을 통해 당시에는 말타기와 활쏘기가 중요했다는 걸 알 수 있어. 고구려는 무예를 중요하게 여기는 나라였던 거야.

무예 무기 쓰기, 주먹질, 발길질, 말달리기 등의 무술

한반도 북쪽에는 옥저와 동예라는 나라도 있었어. 고구려나 부여에 비하면 작은 나라였고, 오래 이어지지 못하고 사라졌지. 옥저는 농작물과 해산물, 소금이 풍부했어. 옥저가 자리잡은 곳은 농사도 잘되고, 바다와 가까웠거든. 이 나라에는 독특한 풍습이 하나 있었어. '민며느리제'라고 어린 여자아이를 데려다 키운 다음, 다 자라면 며느리를 삼는 풍습이야. '민며느리'라는 말은 아직 다 자라지 못한 며느리라는 뜻이지.

동예는 산이 많아서 큰 마을을 이루지 못하고 골짜기마다 작은 마을을 이루고 살았어. 그러다 보니 마을과 마을 사이의 구분이 확실했지. 어쩌다가 다른 마을에 함부로 들어가면 벌금을 내는 '책화'라는

제도가 있을 정도야.

그렇다고 다른 마을과 아예 교류하지 않은 건 아니야. 결혼은 같은 부족이 아닌 다른 부족들과 했어. 결혼을 통해 부족 간의 교류를 넓힌 거지.

동예는 10월에 '무천'이라는 제천 행사를 열었어. 무천이 열리면 동예 사람들은 하늘에 제사를 지내고 술과 음식을 먹으며 흥겨운 시간을 보냈지.

나중에 동예와 옥저는 고구려에 속하고, 부여는 고구려에 의해 멸망해. 고조선 이후의 여러 나라들은 국가라고 하기에는 집단의 크기나 힘이 부족한 데다 새로운 문화와 기술을 받아들이지 못해 큰 나라가 되지 못하고 사라졌어.

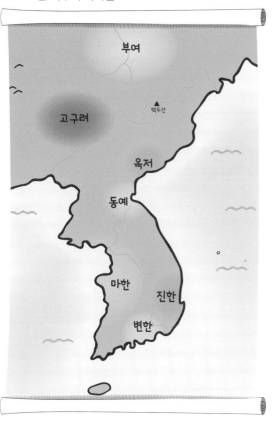

▼ 고조선 이후의 국가들

윷 나와라! 윷은 소, 모는 말! 도는 돼지, 개는 개!

부여의 관리 이름이 생각나네요. 마가, 우가, 저가, 구가!

오호~ 윷놀이가 부여에서 유래했다는 이야기가 있지.

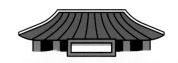

핵심 콕콕 역사 퀴즈

○ 다음 설명을 읽고 알맞은 국가를 찾아 서로 연결해 보세요.

(1) 왕과 지방 관리가 나누어 다스렸다. 지방 관리는 '가' 라고 불렀다.   •   •   부여

(2) 어린 여자아이를 데려다 키워 며느리로 삼는 민며느리제가 있었다.   •

                                                                    •   고구려

(3) 10월에 '무천'이라는 제천 행사가 열렸다.   •

(4) 주몽이 압록강 유역 졸본에 세운 나라다.   •

                                                                    •   옥저

(5) 12월에 '영고'라는 제천 행사가 열렸다.   •

(6) 다른 마을에 함부로 들어가면 벌금을 내는 '책화' 라는 제도가 있었다.   •   •   동예

서술·논술 완벽 대비

1 다음은 제천 행사에 대해 기록한 글입니다. 이 글을 통해 알 수 있는 내용 2가지를 써 보세요.

> • 부여의 영고 : 모든 백성이 모여 하늘에 제사를 지내고 추수를 감사하며 날마다 춤과 노래, 술을 즐기었다. 이 행사 중에는 처벌을 금하고 죄수들을 놓아주기도 하였다.
>
> • 고구려의 동맹 : 온 나라 백성이 추수를 감사하며 하늘에 제사를 지내고 춤과 노래를 즐겼다.
>
> • 동예의 무천 : 하늘에 제사를 지내고 밤낮으로 술을 마시며 춤과 노래를 즐겼다.

2 고구려의 건국 이야기를 통해 알 수 있는 것을 모두 써 보세요.

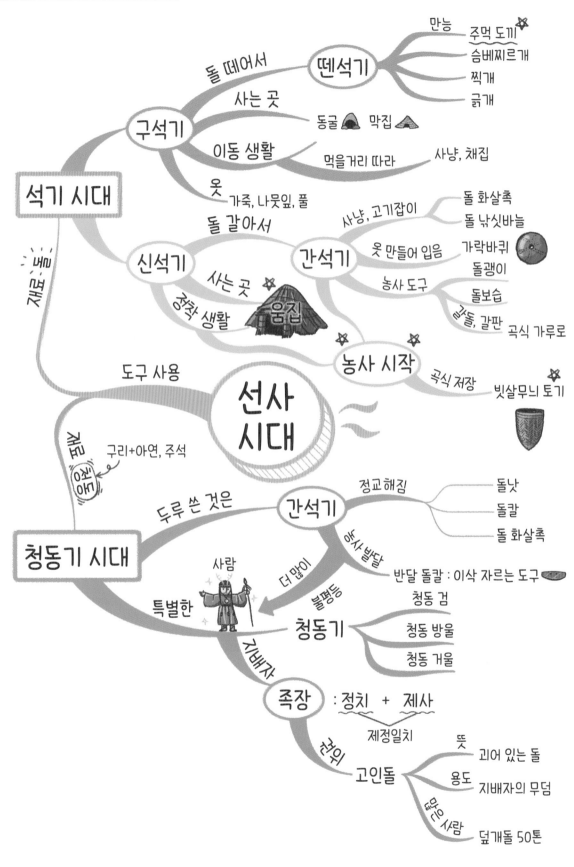

떼석기
만능
주먹 도끼
슴베찌르개
찍개
긁개

구석기
돌 떼어서
사는 곳
동굴 막집
이동 생활
먹을거리 따라
사냥, 채집

석기 시대
옷
가죽, 나뭇잎, 풀

신석기
돌 갈아서
사는 곳
정착 생활
움집

간석기
사냥, 고기잡이
돌 화살촉
돌 낚싯바늘
옷 만들어 입음
가락바퀴
돌괭이
농사 도구
돌보습
갈돌, 갈판
곡식 가루로

농사 시작
곡식 저장
빗살무늬 토기

선사 시대
도구 사용
재료

청동 구리+아연, 주석

청동기 시대
두루 쓴 것은
특별한
지배자
사람
더 많이
불평등

간석기
정교해짐
돌낫
돌칼
돌 화살촉

농사 발달
반달 돌칼 : 이삭 자르는 도구

청동기
청동 검
청동 방울
청동 거울

족장
: 정치 + 제사
제정일치

권위
고인돌
뜻 괴어 있는 돌
용도 지배자의 무덤
많은 사람
덮개돌 50톤

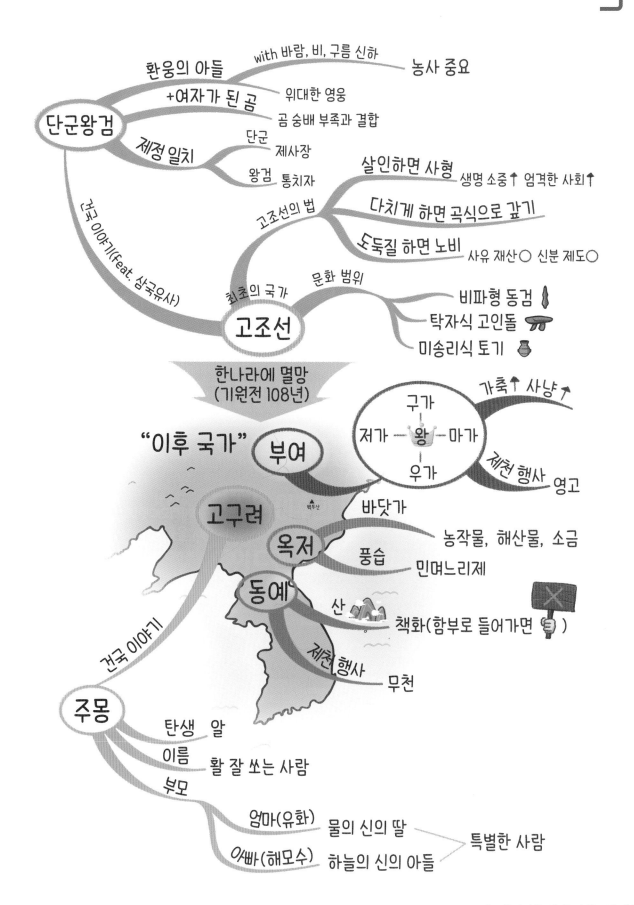

단군왕검

환웅의 아들 — with 바람, 비, 구름 신하 — 농사 중요

+여자가 된 곰 — 위대한 영웅 — 곰 숭배 부족과 결합

제정 일치 — 단군 제사장 / 왕검 통치자

건국 이야기(feat. 삼국유사)

최초의 국가

고조선

고조선의 법 — 살인하면 사형 — 생명 소중↑ 엄격한 사회↑

다치게 하면 곡식으로 갚기

도둑질 하면 노비 — 사유 재산○ 신분 제도○

문화 범위 — 비파형 동검 / 탁자식 고인돌 / 미송리식 토기

한나라에 멸망
(기원전 108년)

"이후 국가"

부여 — 구가 / 저가 — 왕 — 마가 / 우가 — 가축↑ 사냥↑ — 제천 행사 — 영고

백두산

고구려

옥저 — 바닷가 — 농작물, 해산물, 소금 / 풍습 — 민며느리제

동예 — 산 — 책화(함부로 들어가면) / 제천 행사 — 무천

주몽 — 건국 이야기

탄생 알

이름 — 활 잘 쏘는 사람

부모 — 엄마(유화) — 물의 신의 딸 / 아빠(해모수) — 하늘의 신의 아들 — 특별한 사람

○ 다음은 구석기, 신석기, 청동기 시대의 유물입니다. 이 중 하나를 골라 유물을 소개하는 4컷 만화를 그려 보세요.

장점은? 단점은? 특징은?

사용한 시대는? 쓰임새는?

만드는 방법은?

주먹 도끼   빗살무늬 토기   고인돌   가락바퀴   반달 돌칼

○ 우리가 고조선 사람이라면 어떤 법이 필요할 것 같나요? 고조선의 법에서 전해지지 않는 나머지 다섯 조항을 더 만들어 보세요.

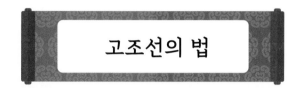

고조선의 법

첫째, 사람을 죽이면 사형에 처한다.

둘째, 남을 다치게 하면 곡식으로 갚는다.

셋째, 도둑질하면 노비로 삼고, 죄를 면하려면 50만 전을 내야 한다.

기원전 57년	기원전 37년	기원전 18년
신라 건국	고구려 건국	백제 건국

2주

371년	396년	400년	427년
백제 근초고왕 고구려 평양성 공격	고구려 광개토 대왕 백제 위례성 공격	고구려 광개토 대왕 왜를 물리치고 금관가야 공격	고구려 장수왕 평양 천도

한반도 남쪽의 크고 작은 나라들

고조선을 멸망시킨 한나라는 마음대로 고조선 사람들을 다스리려고 했어. 그러자 고조선 사람들은 한나라의 간섭을 받느니 새로운 터전을 찾겠다며 남쪽으로 이동했지. 당시 한반도의 남쪽 지역은 철기 문화가 발전하지 못했는데, 고조선 사람들이 내려가면서 철기 문화를 전해 주었단다.

철기는 청동기와는 다른 매력이 있었어. 청동기가 제사장의 권위를 높여 주는 도구였다면, 철기는 청동기보다 더 단단하고 날카로워서 농기구나 무기로 쓰였지. 철로 칼과 화살촉을 만들면 무기가 강해지니 군사력을 크게 기를 수 있고, 철로 농기구를 만들어 쓰면 힘이 덜 들어 농사일을 쉽게 할 수 있어 수확량이 늘겠지. 철기의 쓰임에 따라 강한 나라와 약한 나라의 차이가 생겼던 거야. 따라서 남쪽 지역에서 철기를 가진 고조선 사람들의 영향력은 클 수밖에 없었지.

　고조선 사람들은 원래 있던 남쪽 마을 사람들과 힘을 합쳐 나라를 만들기 시작했어. 곳곳에 작은 나라들이 만들어졌고, 작은 나라들은 서로 연맹을 맺어 연맹체 국가가 되었지. 한반도 남쪽의 연맹체 국가들을 통틀어 '삼한'이라고 해.

연맹 같은 목적을 가진 단체나 국가가 함께 행동할 것을 약속함

철광석 철을 함유한 돌로, 철기를 만드는 데 가장 기본적인 재료야.

초기 철기들

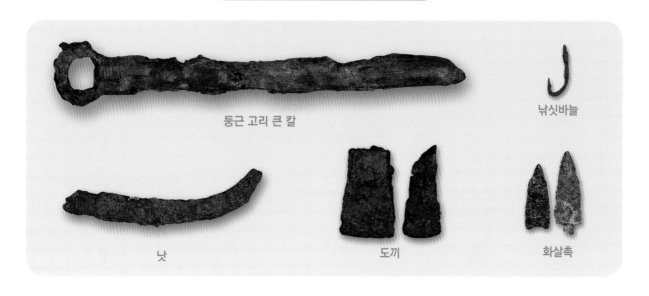

둥근 고리 큰 칼

낚싯바늘

낫

도끼

화살촉

그나저나 삼한은 왠지 숫자 3하고 관련이 있을 거 같아요.

은파가 눈치가 아주 빠르구나.

은파야, 우리도 연맹을 맺자. 맛있는 거 나눠 먹는 연맹.

이럴 때만~

하 하

▲ 삼한의 위치

삼한은 여럿으로 나뉜 크고 작은 나라를 한데 묶어 부르는 말이야. 삼한에는 마한, 진한, 변한이 있으니 숫자 3 하고도 관련이 있다고 할 수 있지.

삼한에는 모두 78개의 나라가 있었다고 해. 이 나라들은 북쪽 나라와 다른 특징이 있었어. 고조선을 비롯한 북쪽 나라들은 왕이 제사장 역할까지 맡았지만, 삼한에서는 제사장을 따로 두었거든. 왕에게는 나라를 다스리는 일만 맡긴 거지.

삼한에서는 제사장을 '천군'이라고 불렀어. 천군은 '소도'라는 마을을 따로 다스리며 제사와 관련된 일을 맡아 했어. 소도는 삼한 사람들에게 매우 신성한 곳이어서 함부로 드나들 수 없었지. 죄를 지은 사람이 소도로 도망가도 들어가서 잡을 수 없었어. 소도에는 솟대를 세워서 특별한 곳임을 알렸단다.

솟대

옛날에 하늘은 아주 중요했거든. 농사에 필요한 해와 비가 모두 하늘에서 비롯되니까.

솟대 끝에 왜 새를 달아 놓았어요?

아하! 그래서 하늘을 나는 새도 특별하게 여긴 거군요.

비나이다!

검파 모양 동기 칼의 손잡이 모양과 비슷해서 붙은 이름이야. 제사에 쓰인 도구로 추정돼.

방패형 동기 양쪽으로 뻗친 가지 끝에 둥근 방울이 달려 있는 제사 의식용 도구야.

삼한을 좀 더 자세히 들여다볼까? 삼한 중 가장 큰 연맹 국가는 마한이었어. 마한은 경기도에서 충청도, 전라도 지역까지 이어진 곳으로, 대부분 농사를 짓고 살았지. 대표적인 나라가 목지국이었는데 나중에 백제에 밀려 사라졌어.

진한은 동해안 남쪽에 있던 나라야. 지리적으로 구석에 있어서 다른 나라에 비해서는 뒤늦게 철기가 전해졌지. 하지만 철기가 전해진 뒤에는 빠르게 발전했어. 그중에서 철기 만드는 기술이 가장 뛰어난 사로국은 주변의 작은 나라들을 정복하면서 힘을 키웠지. 사로국은 경주를 중심으로 발전을 거듭하며 훗날 신라가 되었어.

한반도의 가장 남쪽 지역에는 변한이 자리했어. 변한은 철광석이 풍부한 것이 장점이었지. 여기에 좋은 품질의 철기를 만드는 기술까지 있어서 변한의 철은 주변 나라에 인기가 많았어. 변한에서 만든 철은 중국, 일본까지 수출되었지. 이렇게 힘을 키우던 변한은 훗날 '가야'가 돼.

쇠창

핵심 콕콕 역사 퀴즈

❶ 다음 삼한의 특징을 설명한 내용이 맞으면 ○표, 틀리면 ✕표 해 보세요.

---

(1) 한반도 남쪽에 있던 크고 작은 78개의 연맹체 국가들을 이르는 말이다.　　（　　）

(2) 마한, 진한, 변한은 삼한에 속한다.　　（　　）

(3) 정치를 하는 왕과 제사를 지내는 제사장이 같았다.　　（　　）

(4) 소도는 제사장이 다스리는 곳으로 신성하게 여겨 누구나 들어갈 수 있었다.　　（　　）

(5) 소도에는 높은 장대에 새를 매단 솟대를 세워 놓았다.　　（　　）

---

❷ 한반도 남쪽의 부족 국가들은 시간이 흘러 어떤 고대 국가가 되나요? 사다리 타기를 하여 알맞은 나라 이름을 써 보세요.

　　마한　　　　　　진한　　　　　　변한

　　(1)　　　　　　　　　　　　(2)

백제

서술·논술 완벽 대비

1 한반도 남쪽으로 철기를 가진 고조선 사람들이 이동하면서 크고 작은 연맹체 국가가 탄생했습니다. 그 이유를 설명해 보세요.

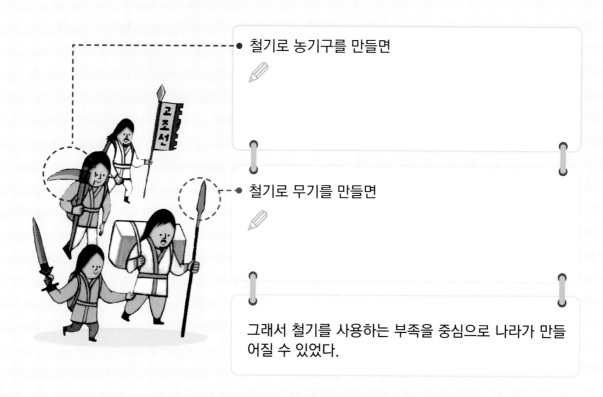

● 철기로 농기구를 만들면

● 철기로 무기를 만들면

그래서 철기를 사용하는 부족을 중심으로 나라가 만들어질 수 있었다.

2 다음 삼한 지역에 들어갈 이름을 쓰고 삼한의 특징을 써 보세요.

삼한 중 가장 큰 연맹 국가다. (1)

지리적 위치 때문에 철기가 늦게 전해졌다. (2)

철광석이 풍부하고, 철기 제작 기술이 뛰어나다. (3)

특징

신비로운 건국 이야기

이제 드디어 고구려, 백제, 신라!
삼국 시대가 시작되는 건가요?

나도 탈래요!

재미있는 건국 이야기도
들려주세요.

그래 볼까?

삼국은 세 나라, 즉 고구려와 신라, 백제를 이르는 말이야. 고구려를 주몽이 세웠다고 했지? 백제의 건국도 주몽과 관련이 깊어.

주몽은 스물두 살에 부여를 떠나 졸본에 나라를 세워 고구려의 첫 번째 왕인 동명성왕이 되었어. 동명성왕에게는 비류와 온조, 두 아들이 있었지. 그러던 어느 날, 부여에서 왔다는 사람이 동명성왕을 찾았어.

"제 이름은 유리입니다. 기억하시는지요?"

유리는 동명성왕 앞에 부러진 반쪽 칼을 내밀었어. 동명성왕은 자기가 가진 부러진 칼과 유리가 내민 칼을 맞춰 보았지. 칼은 정확하게 맞았어. 유리는 동명성왕이 부여에 두고 온 아들이었던 거야.

동명성왕은 유리를 고구려의 다음 왕으로 정했어. 이 모습을 지켜보던 비류와

말 탄 사람을 그린 벽화 조각 고구려 무덤인 쌍영총에서 발견된 벽화야. 깃털로 장식한 모자를 쓰고, 허리에 화살통을 찬 고구려인의 모습이 생생하게 잘 표현되었어.

▲ 서울 송파구 풍납동에 있는 토성 터야. 백제의 위례성으로 추측돼.

온조는 고구려를 떠나기로 결심하고 자신을 따르는 사람들과 함께 남쪽으로 향했어. 그러다 바다가 보이는 미추홀에 이르렀을 때쯤 비류가 말했지.

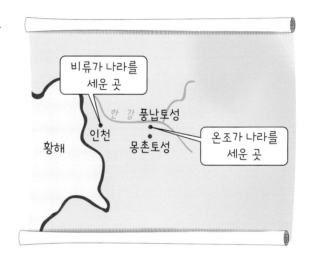

"난 이곳이 마음에 드니 여기에 머물겠다."

형 비류의 말에 온조는 나머지 사람들을 이끌고 다시 남쪽으로 가서 한강 유역의 위례성에 자리를 잡았어. 온조는 처음에 같이 온 신하 열 명의 도움으로 나라를 세우고 이름을 '십제'라고 정했지. 십제는 이후 신하와 백성이 늘어나면서 '백제'가 되었어.

신라를 세운 박혁거세가 어떻게 태어났는지 한번 들어 볼래?

옛날 경주에 여섯 개의 마을이 있었어. 마을 촌장들은 가장 덕이 있는 사람을 왕으로 삼자고 했지. 그런데 마을 근처 숲에 있는 '나정'이라는 곳의 우물에서 흰 말 한 마리가 주저앉아 울고 있는 거야. 가까이 가 보니 말은 온데간데없이 사라지고 그 자리에 자줏빛 알이 하나 있었어. 사람들은 이 알이 보통은 아니라고 생각했지. 아니나 다를까, 그 알에서 아이가 나오지 뭐야. 아이의 몸에서는 신비로운 빛이 났어. 사람들은 이 아이가 세상을 비출 왕이 될 거라고 믿었지. 아이의 이름은 세상을 밝게 비춘다는 뜻의 '혁거세'가 되었고, 박혁거세는 신라의 첫 번째 왕이 되었어.

고구려와 신라의 건국 이야기를 보면, 나라를 세운 인물을 하늘의 자손이거나 하늘의 기운을 타고 태어난 인물로 그리고 있어. 나라를 세운 인물이 신처럼 특별한 존재라면 그가 만든 자신들의 나라 또한 특별한 셈이 되니까.

알에서 태어나는 것도 같은 의미란다. 옛날 사람들에게 새는 특별

▲ 박혁거세는 둥근 '박'처럼 생긴 알에서 나와서 성이 '박'이 되었어.

경주 나정에 있는 우물 터 신라의 박혁거세가 태어난 전설을 간직한 우물 터야.

한 의미가 있었어. 하늘 높이 날아다니기 때문에 하늘의 신과 인간을 연결해 주는 존재라고 여긴 거지. 그래서 새처럼 알에서 태어난 사람을 하늘의 자손으로 여기는 거야.

신라는 박혁거세를 시작으로 석씨와 김씨가 번갈아 가며 왕이 되었어. 힘이 비슷하게 센 집단이 여럿 있어서 어느 한 집단이 왕위를 독차지하기가 어려웠거든. 그래서 석씨의 시조인 석탈해, 김씨의 시조인 김알지와 관련된 건국 이야기도 있지. 상황이 이렇다 보니 왕을 부르는 이름이나 나라 이름도 하나로 정해지지 않고 계속해서 달라졌어. 사로국으로 시작된 이름은 여러 차례 바뀐 뒤에 '신라'로 불렸어.

시조 한 겨레나 가계의 맨 처음이 되는 조상

핵심 콕콕 역사 퀴즈

1 나는 누구일까요? 다음 설명에 어울리는 사람을 찾아 연결해 보세요.

(1) 나는 고구려를 건국했고, 활을 잘 쏘는 사람이란 뜻의 이름을 가졌지.

온조

(2) 나는 알에서 태어난 특별한 사람으로 신라의 왕이 되었지.

주몽

(3) 나는 위례성에 정착하여 백제를 세웠지.

박혁거세

2 다음 유적지를 보고 잘못 설명한 내용을 찾아 번호를 써 보세요. (,)

(1) 이곳은 백제의 수도 졸본이 있던 풍납 토성이다.

(2) 이곳에 백제를 세운 사람은 온조다.

(3) 이곳에서 고구려를 세운 사람이 태어났다.

(4) 이곳은 경주에 있는 나정이라는 우물 터다.

서술·논술 완벽 대비

1 아래 지도와 **보기**의 단어를 활용해 백제의 건국 이야기를 써 보세요.

```
보기
   온조      백제      위례성
```

🖉

....

....

....

2 고구려와 신라의 건국 이야기의 공통점을 쓰고, 이를 통해서 알 수 있는 점을 써 보세요.

🖉

....

....

....

고구려를 이끈 왕들

나라가 발전하려면 무엇이 필요할까?

강한 군사력이요. 그래야 넓은 땅을 차지할 수 있잖아요.

과연 그럴까? 모든 일에는 순서가 있는 법이야. 크고 강한 나라가 되기 위해서는 나라의 기틀부터 잘 잡아야 해. 주몽이 고구려를 세우기는 했지만 나라의 기틀을 잡은 건 제6대 태조왕 때였어. 어디 한번 고구려를 이끈 왕들을 살펴볼까?

고구려 제2대 유리왕은 국내성으로 수도를 옮겼어. 국내성은 강이 흐르고 산에 둘러싸여 있어 외부 침략으로부터 수도를 지키기 편했지. 게다가 졸본에 비해 농사짓고 살기에도 좋았어.

제6대 태조왕 때 이르러서는 연맹 국가처럼 흩어져 있는 힘을 왕 중심으로 모았어. 고대 국가의 기틀을 마련한 거지. 이즈음 고구려는 옥저와 동예까지 차지하며 더 강해졌어.

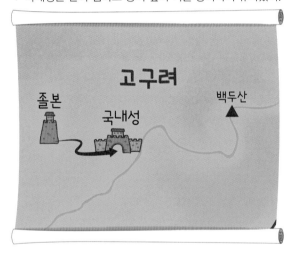

▼ 국내성은 산이 험하고 강이 깊어 적을 방어하기 유리했어.

고구려

졸본

국내성

백두산

행정 구역 나라의 관리 권한이 미치는 구역

왕권이 강해지자 제9대 고국천왕에 이르러서는 지방의 행정 구역을 정비했어. 지방 세력은 왕의 지배를 받는 귀족으로 지위가 낮아졌지.

집 모양 토기 평양에서 출토된 고구려 유일의 집 모양 토기야. 곡식이 가득 저장된 이 토기를 무덤에 넣어서 풍요로운 삶을 기원했을 거야.

청동 세 발 솥 고구려는 주로 흙으로 만든 그릇을 사용했는데, 이건 청동으로 만들었어. 제사 때 쓰인 것으로 추측돼.

고국천왕은 백성을 위해 무엇을 하면 좋을지 고민했어. 고국천왕은 재상 을파소에게 물었어.

"백성을 위해 해야 할 일이 무엇이라고 생각하오?"

"농사짓는 백성은 봄이면 늘 먹을 것이 부족하여 귀족에게 곡식을 빌리는데, 이를 제때 갚지 못하면 귀족의 노비가 됩니다. 나라에서 백성에게 곡식을 빌려주고 가을에 갚게 하면 이런 안타까운 일을 줄일 수 있을 것이옵니다."

고국천왕은 고민 끝에 가난한 백성들에게 곡식을 빌려주는 '진대법'을 시행했어. 진대법은 가난한 백성을 구하는 고구려의 사회 보장 제도였던 거야. 흉년이 들거나 형편이 어려울 때 나라에서 곡식을 꾸어 주니 백성의 부담은 한결 줄었겠지.

재상 왕을 돕는 신하의 벼슬, 또는 그 벼슬에 오른 사람

賑 구제할 진
貸 빌릴 대
法 법 법

봉황 모양 꾸미개 어딘가에 부착했던 장식으로 봉황은 좋은 일이 일어날 것을 상징하는 상상의 새야.

고구려 왕 중에는 소금 장사를 한 사람도 있었어. 고구려의 제15대 미천왕은 큰아버지를 엄청 무서워했어. 미천왕의 큰아버지 봉상왕은 왕 자리를 위협하는 주변 사람을 모두 죽이려고 했거든. 심지어 미천왕의 아버지까지 죽임을 당했지.

미천왕은 큰아버지의 눈에 띄지 않도록 신분을 숨긴 채 소금 장수로 살았어. 얼마 뒤, 나랏일보다 자신을 지키는 데 급급했던 봉상왕은 결국 왕의 자리에서 쫓겨나고 말아. 이후 미천왕이 왕위에 오르면서 다시 고구려의 세력을 넓혀 나갔어. 그 결과, 한반도에 남아 있던 중국 한나라 군대를 모두 몰아냈단다. 중국 한나라 군대는 고조선을 멸망시킨 뒤 한반도 곳곳을 차지하고 있어서 목에 걸린 가시처럼 답답했는데 미천왕 덕분에 말끔히 해결된 거야.

고구려는 시간이 지날수록 크고 강한 나라가 되었어. 제17대 소수림왕 때는 불교를 받아들여 백성들의 마음을 하나로 모으고, 왕실의 권위를 높였어.

금동 연가 7년명 여래 입상
고구려를 대표하는 불상이
야. 높이가 16cm 정도로 크
기가 작아.

◀ 뒷면에 '연가 7년'이 새
겨져 제작 연대를 알 수 있
어. 연가 7년은 539년을 말
해.

소수림왕은 더 안정적인 나라를 만들기 위해 율령도 반포했어. 율령은 지금의 법과 같아. '율'은 형벌을 정한 것이고, '령'은 관직 체계와 나라의 제도 등을 정한 것이지. 즉, 율령으로 나라의 질서를 잡은 거야. 이처럼 점점 나랏일이 체계적으로 잡히자 이를 효과적으로 꾸려 나가기 위한 인재도 필요했어. 인재는 어떻게 얻을 수 있을까? 어릴 때부터 교육을 잘 시키면 인재로 크겠지? 그래서 소수림왕은 국립 교육 기관인 태학을 세웠어. 나라가 세운 학교에서 잘 가르친 인재에게 나랏일을 맡기면 더 좋은 나라가 될 테니까 말이야.

반포 세상에 널리 퍼뜨려 모두 알게 함

律 법칙 **율**
令 명령 **령**

불교, 율령, 교육 기관!
나라의 기틀을 닦는
3종 세트네요!

어때, 이제 정말 고구려가
강해진 것 같지 않니?

고구려의 기틀은
하루아침에 이뤄진 게
아니네요.

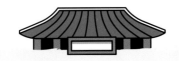

핵심 콕콕 역사 퀴즈

○ 빈칸에 들어갈 알맞은 낱말을 [보기] 에서 골라 쓰고, 업적과 어울리는 왕을 찾아 서로 연결해 보세요.

보기 불교   국내성   행정 구역   한나라   동예

(1) 외부 침략으로부터 좀 더 안전해지기 위해 졸본에서 _____(으)로 수도를 옮겼다.   •   •   미천왕

(2) 옥저와 _____ 까지 차지하며 왕권을 강화시켜 고대 국가의 기틀을 마련했다.   •   •   태조왕

(3) 지방의 _____ 을/를 정비해서 지방 세력의 힘을 약화시켰다.   •   •   유리왕

(4) 한반도에 있는 _____ 군대를 모두 몰아냈다.   •   •   소수림왕

(5) _____ 을/를 받아들여 백성들의 마음을 하나로 모으고, 왕의 권위를 높였다.   •   •   고국천왕

서술 · 논술 완벽 대비

1 다음은 고국천왕과 재상 을파소의 가상 대화입니다. 고국천왕이 만든 진대법이 무엇인지 아는 대로 써 보세요.

🖋

2 소수림왕이 반포한 '율령'이 무엇인지 설명하고, 율령을 만든 까닭도 써 보세요.

🖋

백제의 전성기

삼국 중에서 왜 백제가 먼저 전성기를 맞는지 알려 주세요!

그래, 이야기해 줄게.

전성기를 맞는다는 게 잘나간다는 뜻 맞죠?

온조가 백제를 세울 때는 주변에 크고 작은 나라들이 많이 있었어. 백제는 그때 마한에 속해 있었지. 마한에는 '목지국'이라는 큰 나라가 있어서 백제는 숨죽이며 지냈어. 그러다 시간이 흐르고 세력이 커지면서 백제가 마한을 대표하는 나라가 되었지.

이 무렵 제8대 고이왕이 왕위에 올랐어. 고이왕은 나라의 기틀을 잡기 위해 왕의 힘을 강하게 키웠어. 먼저 군사권을 장악하고 나서는 본격적으로 나라의 기틀을 마련하기 위해 나섰지.

▲ 백제에서 장신구로 쓰인 구슬들

고이왕은 왕 아래 6좌평을 두었어. 새로운 관리 제도를 만든 거야. 그리고 관리들에게는 관직에 따라 다른 색깔의 옷을 입게 했어. 관복만 보고도 어느 지위를 가졌는지 알 수 있게 말이야. 관리들은 벼슬이 높으면 자주색, 중간이면 붉은색, 낮으면 푸른색 옷을 입었어. 관복 제도는 왕권을 강화하는 방법 중 하나로 쓰인 거지. 옷으로 계급의 위아래를 보여 주는 거니까.

또 고이왕은 나라에 필요한 법도 만들었어. 법을 만드는 건 나라를 다스리는 기본 원칙을 마련하는 것과 같았지.

이렇게 나라의 기틀이 마련되니 나라 밖에도 관심이 생기기 시작했어. 영토 확장에 관심이 많았던 고이왕은 한반도 중부에 있던 한나라 군대를 공격해 그 지역을 차지했어. 이후 고구려의 제15대 왕 미천왕이 한반도에 남아 있던 중국 한나라의 군대인 낙랑군과 대방군을 공격했단다.

6좌평 백제의 벼슬 등급을 나타내는 말로, 1좌평에 6명을 두었어.

청동 자루솥 백제의 성곽이 있던 풍납 토성에서 출토된 다리가 세 개 달린 용기야. 중국 동진에서 만들어져 백제와의 교류에 의해 들어왔어.

자주색이 제일 높은 벼슬이라고요? 왠지 끌리더라니!

제일 높은 벼슬의 옷을 자주색으로 정한 이유가 있나요?

옛날에는 자주색 염료를 구하기 어려웠어. 그러니까 자주색 옷감이 귀했겠지.

고이왕의 노력 덕분에 백제는 4세기 중엽 근초고왕 때 이르러 전성기를 맞아. 삼국 중 가장 빠르게 주변 지역을 정복하기 시작한 거야. 346년 백제의 제13대 왕이 된 근초고왕은 나라 살림을 위해 중계 무역에 나섰어. 중국과 왜는 백제를 거쳐야만 무역을 할 수 있었지.

이렇게 백제가 안팎으로 활발하게 교류할 즈음, 고구려가 중국의 공격을 받아. 이 일로 고구려는 북쪽 진출을 망설이고, 대신 남쪽으로 진출하려고 했지. 백제와 고구려가 부딪치게 된 거야.

369년, 고국원왕이 이끄는 고구려 군대와 근초고왕이 이끄는 백제의 군대가 황해도에서 맞닥뜨렸어. 결과는 백제의 승리! 힘을 얻은 근초고왕은 고구려를 확실히 공격하기로 마음먹지. 하지만 백제가 고구려를 공격하는 사이에 다른 나라가 백제를 공격할까 봐 걱정되었어. 긴 고민 끝에 백제는 고구려를 공격하기로 해. 백제군은 고구려 평양성으로 향했지.

근초고왕이 이끄는 3만 명의 백제군이 명령에 따라 평양성을 공격했어. 칼을 휘두르고, 화살을 쏘는 치열한 전투가 이어졌지. 그러는 사이 고구려의 고국원왕은 백제군의 화살에 맞아 숨을 거두었어. 이로써 전쟁은 백제군의 승리로 마무리되었단다.

중계 무역 다른 나라로부터 사들인 물자를 또 다른 나라로 수출하는 형식의 무역

왜 6세기 통일 국가가 세워지기 전에 일본이 사용한 이름

▲ 백제의 전성기(4세기)

백제는 지리적으로 바다를 끼고 있어서 중국, 왜와 활발하게 교류할 수 있었구나.

전쟁에서 승리하자 백제의 세력은 더욱 넓어졌어. 북쪽 황해도에서 남쪽 전라도에 이르는 넓은 영토를 차지하게 되었고, 중국과 왜까지 세력을 뻗쳤지.

그 뒤, 백제는 침류왕 때 불교를 받아들였어. 온 백성이 같은 종교를 믿으면 마음을 하나로 모을 수 있었거든. 게다가 왕을 곧 부처라고 여기는 불교를 받아들임으로써 왕권도 다질 수 있었던 거야. 하지만 전쟁을 벌인 뒤 백제와 고구려 사이에는 긴장감이 더욱 커졌단다.

핵심 콕콕 역사 퀴즈

❶ 다음 업적과 어울리는 왕을 찾아 서로 연결해 보세요.

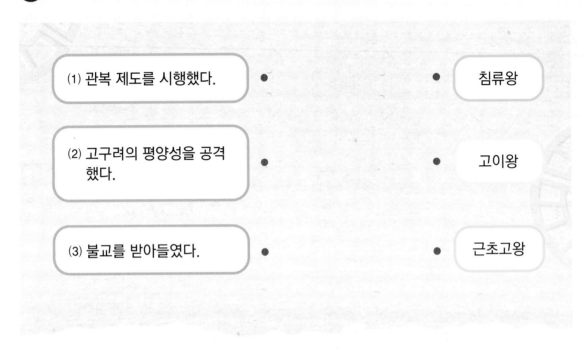

(1) 관복 제도를 시행했다. •   • 침류왕

(2) 고구려의 평양성을 공격 •   • 고이왕
했다.

(3) 불교를 받아들였다. •   • 근초고왕

❷ 다음 중 전성기를 맞은 백제의 지도로 알맞은 번호를 써 보세요. (   )

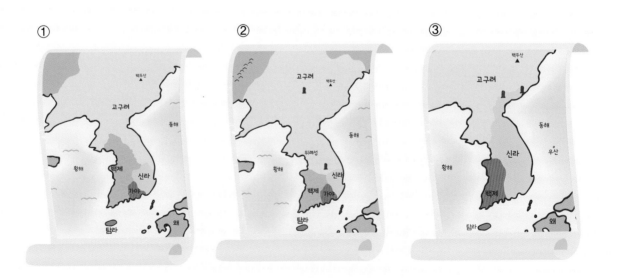

서술 · 논술 완벽 대비

① 백제 고이왕은 나라의 기틀을 잡기 위해 여러 가지 일을 했습니다. 고이왕이 한 일을 아는 대로 써 보세요.

② 근초고왕이 다스리던 백제는 고구려와 전투를 치릅니다. 백제가 고구려와 전투를 벌인 이유를 2가지 써 보세요.

정복왕 광개토 대왕

고국원왕이 백제와의 전쟁으로 세상을 떠나자 소수림왕이 다음으로 왕위에 올랐어. 소수림왕은 불교를 받아들이고, 율령을 반포했지. 고구려를 안정시키고 나라의 기틀을 단단히 다지기 위해서였어. 이러한 노력으로 고구려가 안정기에 접어들자 소수림왕은 고국원왕의 원수를 갚겠다며 백제를 공격했지.

▶ '개마무사'로 알려진 고구려의 중무장 기병의 모습이야. 군사뿐만 아니라 말도 갑옷으로 감쌌어.

▲ 고구려의 무덤 안악 3호분에 그려진 행렬도를 보면 고구려군의 모습을 짐작할 수 있어.

백제와 고구려는 힘겨루기를 시작했지만 어느 나라도 뚜렷한 승리를 거두지는 못했어. 고구려와 백제의 팽팽한 기 싸움을 마무리 지은 것은 광개토 대왕이었어. 391년 광개토 대왕은 열일곱 살에 고구려 왕이 되었어. 그리고 396년 4만 명의 군대를 이끌고 백제로 향했지. 정말 패기가 넘치지 않니?

광개토 대왕은 군대를 이끌고 한강을 건너 백제의 수도 위례성을 바로 공격했어. 백제는 고구려군을 막아 낼 수 없었지. 공격에 성공한 고구려는 백제의 성 60여 개와 마을 700여 곳을 차지했어. 당시 백제의 왕이었던 아신왕은 고구려에 항복하며 간절하게 부탁했지.

"영원히 고구려의 신하가 되겠으니 공격을 멈춰 주시오."

백제는 고구려에 삼베 천 필과 남녀 포로 천 명을 바쳤어. 고구려는 그것도 모자라 아신왕의 동생과 신하들을 포로로 끌고 갔지. 광개토 대왕은 전쟁에서 승리하며 할아버지인 고국원왕의 원수를 갚은 거야. 그동안 전성기를 누리던 백제는 전쟁에서 패배해 수도를 웅진(지금의 공주)으로 옮겨야만 했지.

남쪽으로 뻗어 나간 광개토 대왕의 영향력은 신라에까지 미쳤어. 당시 신라는 왜에게 시달림을 당하고 있었거든.

"신라가 고구려의 속국이 될 테니 지금 신라를 공격하는 왜를 막아 달라고 합니다."

"그래? 이참에 신라를 도와주고, 고구려의 세력을 남쪽으로 더 넓히는 것이 좋겠다."

광개토 대왕은 군사 5만 명을 신라로 보냈어. 고구려군은 신라를 도와 왜를 물리쳤고, 신라 옆에 있던 가야까지 공격했지. 이후로도 광개토 대왕의 활약은 계속되었어. 북쪽으로 진출하여 만주 지역 대부분을 차지한 거야. 광개토 대왕의 거듭된 승리로 고구려는 만주에서 한강의 북쪽까지 영토를 넓혔지.

최고의 정복왕인 광개토 대왕의 업적은 '광개토 대왕릉비'에 모두 기록되어 있어. 광개토 대왕의 아들인 장수왕이 고구려의 수도 국내성에 높이 6.4미터, 무게 3.7톤에 이르는 광개토 대왕릉비를 세웠거든. 비석에는 고구려의 시작부터 광개토 대왕 때까지 고구려 왕들의 업적이 적혀 있는데 가장 중심이 되는 내용은 역시 광개토 대왕의 업적이지.

광개토 대왕의 뒤를 이은 장수왕도 광개토 대왕의 아들답게 고구려 영토를 더욱 넓혀 나갔지. 남쪽으로 세력을 확장하기 위해 가장 먼저 차지해야 할 곳은 한강이었어. 한강 유역은 한반도의 중심에 있어서 남과 북으로 이동하기 편한 곳이야. 그러니 한반도

중국 지린성에 있는 광개토 대왕릉비 왼쪽에 서 있는 사람을 보면, 크기가 얼마나 큰지 짐작할 수 있겠지?

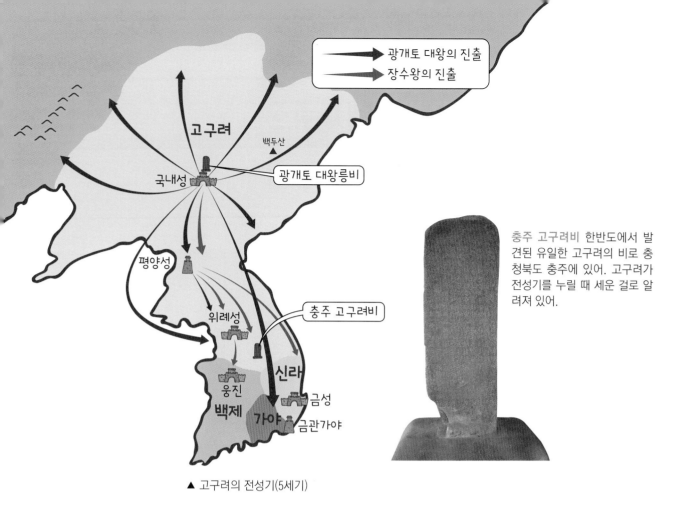

▲ 고구려의 전성기(5세기)

충주 고구려비 한반도에서 발견된 유일한 고구려의 비로 충청북도 충주에 있어. 고구려가 전성기를 누릴 때 세운 걸로 알려져 있어.

전체를 다스리는 중심지로 적절하다고 생각한 거지. 또 한강은 물이 풍부해 농사짓기에 좋은 곳이라 삼국 모두 욕심을 냈단다.

　마침내 장수왕은 백제를 공격하여 한강을 차지했어. 그리고 고구려의 수도를 국내성에서 평양성으로 옮겼지. 수도를 남쪽으로 옮기니 나라를 두루 다스리기 쉬운 데다 백제와 신라에게도 압박을 가하기 쉬웠어.

핵심 콕콕 역사 퀴즈

○ 가로세로 빈칸에 들어갈 알맞은 답을 써 보세요.

					㉡		
				①			
	②㉠						
			③				㉢

🔑 가로 열쇠

① 고구려의 제17대 왕으로, 불교를 받아들이고 율령을 반포하여 나라의 기틀을 다졌다.

② 고구려 제19대 왕으로 넓은 땅을 정복하여 정복왕이란 별명이 있다.

③ 장수왕이 남쪽으로 진출하기 위해 백제를 공격하여 차지한 강이다.

🔑 세로 열쇠

㉠ 장수왕이 아버지의 업적을 기리며 국내성에 세운 거대한 비석으로, 고구려 왕들의 업적도 새겨져 있다.

㉡ 광개토 대왕과 함께 고구려 전성기를 이은 왕으로, 백제를 공격하여 한강을 차지했다.

㉢ 고구려가 한강을 차지한 후 수도를 옮긴 곳이다.

서술·논술 완벽 대비

① 다음 비석 사진을 보고 알맞은 내용을 써 보세요.

(1) 비석 이름

🖉

(2) 세운 사람

🖉

(3) 기록된 주요 내용

🖉

② 장수왕이 한강을 차지하기 위해 노력한 이유를 써 보세요.

🖉

한강은 한반도
중심에 있는 강이야.

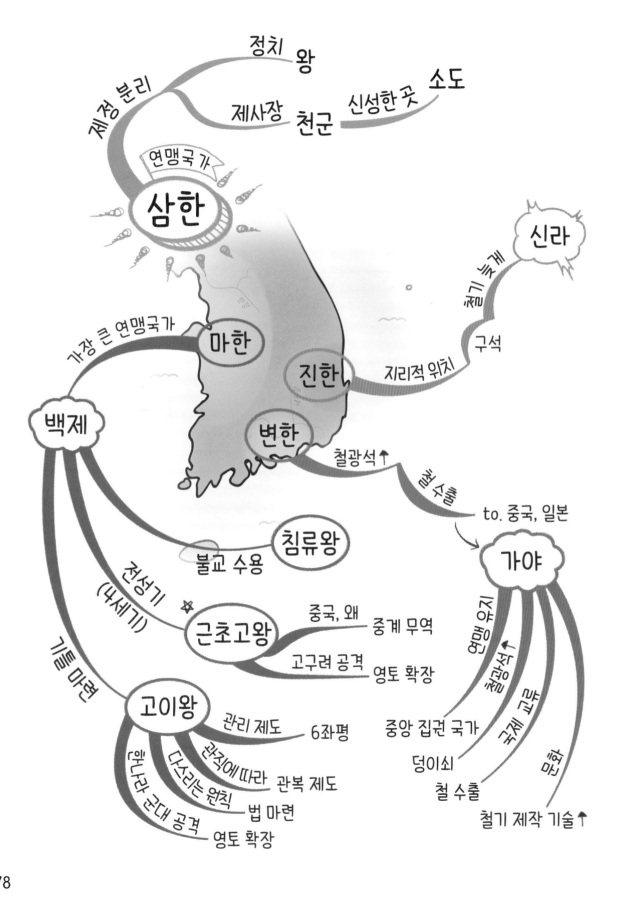

정치 왕

제정 분리

제사장 천군 신성한곳 소도

연맹국가

삼한

신라

마한

진한

철기 문화

가장 큰 연맹국가

구석

백제

지리적 위치

변한

철광석↑

철 수출

침류왕

to. 중국, 일본

불교 수용

가야

전성기
(4세기)

중국, 왜

근초고왕

중계 무역

고구려 공격

영토 확장

중앙 집권 국가

고이왕

관리 제도   6좌평

덩이쇠

관직에 따라   관복 제도

철 수출

다스리는 원칙   법 마련

철기 제작 기술↑

왜나라 군대 공격

기틀 마련

영토 확장

신라에 병합

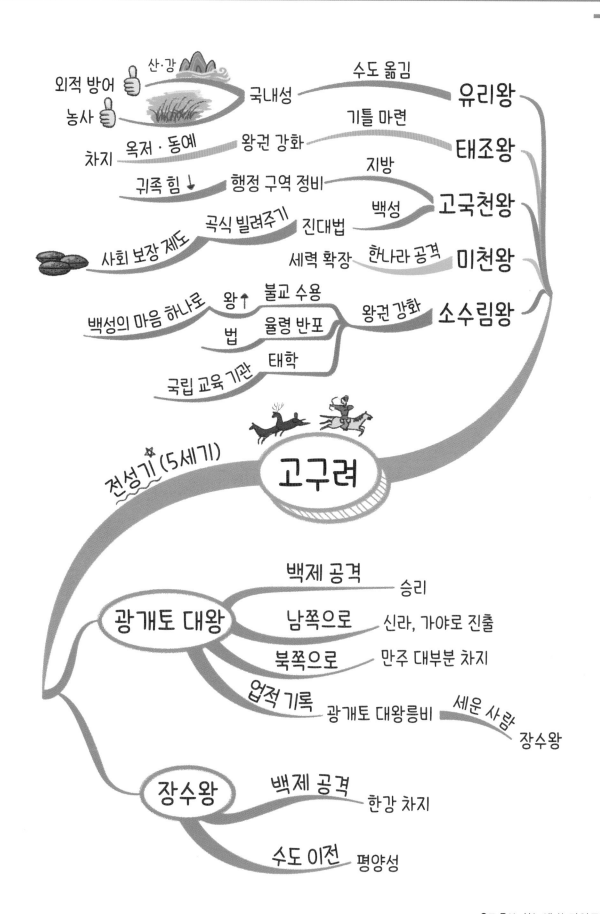

외적 방어 👍
산·강
농사 👍
국내성 ——— 수도 옮김 ——— 유리왕

차지 옥저·동예 ——— 왕권 강화 ——— 기틀 마련 ——— 태조왕

귀족 힘↓ ——— 행정 구역 정비 ——— 지방 ——— 고국천왕

곡식 빌려주기 ——— 진대법 ——— 백성

사회 보장 제도 ——— 세력 확장 ——— 한나라 공격 ——— 미천왕

백성의 마음 하나로 ——— 왕↑ 불교 수용 ——— 왕권 강화 ——— 소수림왕
법 율령 반포
국립 교육 기관 ——— 태학

전성기 ✡ (5세기)

고구려

백제 공격 ——— 승리
광개토 대왕 남쪽으로 ——— 신라, 가야로 진출
북쪽으로 ——— 만주 대부분 차지
업적 기록 ——— 광개토 대왕릉비 ——— 세운 사람 ——— 장수왕

장수왕 백제 공격 ——— 한강 차지
수도 이전 ——— 평양성

○ 다음 역사적 사건 가운데 하나를 골라 신문 기사를 써 보세요.

| 주몽의 고구려 건국 | 온조의 백제 건국 | 박혁거세의 신라 건국 | 고국천왕의 진대법 실시 |

| 근초고왕의 평양성 공격 | 소수림왕의 불교 수용 | 광개토 대왕의 요동 정벌 | 장수왕의 한강 차지 |

제 △△호

시소스터디 역사 신문

○○○○년 ○○월 ☆☆일

제목:

○ 다음 인물을 소개하는 카드를 만들어 보세요.

소수림왕

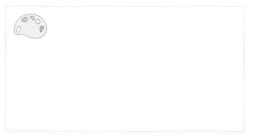

국적:

업적:

주요 사건:

관련 유물·유적:

좌우명:

근초고왕

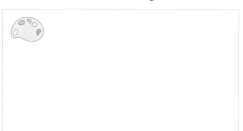

국적:

업적:

주요 사건:

관련 유물·유적:

좌우명:

광개토 대왕

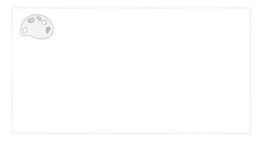

국적:

업적:

주요 사건:

관련 유물·유적:

좌우명:

장수왕

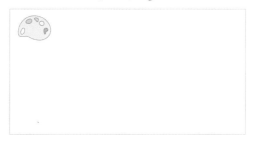

국적:

업적:

주요 사건:

관련 유물·유적:

좌우명:

42년

금관가야 건국

433년

백제와 신라
나제 동맹 체결

532년

금관가야 멸망

3주

551년	553년	562년
백제와 신라 고구려 한강 유역 공격	신라 진흥왕 한강 유역 차지	대가야 멸망

신라의 도약

쌤, 신라는 어떻게 되었어요?

이제 신라가 전성기를 맞을 차례인가요?

신라는 고구려, 백제에 비해 뒤늦게 국가의 기틀을 마련했어.

박혁거세에서 시작한 신라는 박씨, 석씨, 김씨가 번갈아 가며 왕을 했다고 했지? 이렇게 왕의 자리가 바뀐다는 건 왕의 권한이 강하지 못했다는 뜻이야. 신라는 제17대 내물왕 이후부터 김씨가 왕위를 계속 이으면서 나라의 기틀을 마련했어.

고대 사회는 크고 작은 전쟁이 계속 이어졌는데 전쟁을 통해 나라의 기틀이 하나씩 완성되기도 했어. 전쟁을 치르기 위해 왕을 중심으로 모이고, 군사 제도를 다듬고, 전쟁 자금에 필요한 세금 제도가 마련되니 말이야. 그래서 모두 나라의 기틀을 닦은 뒤 전성기를 맞았던 거야.

돌격하라! 왕은 전쟁을 잘 이끌어야 했군요.

이랴! 이랴!

쌤, 고대 사회는 왜 그렇게 전쟁을 계속한 거예요?

전쟁은 땅을 넓히고 인구를 늘리는 가장 빠른 방법이었으니까.

힘이 가장 약했던 신라는 다른 나라를 공격할 엄두를 내지 못했어. 오히려 다른 나라의 공격을 받았지. 앞서 보았던 것처럼 신라는 고구려에 도움을 청했고, 광개토 대왕은 신라를 도와주었어. 그런데 이때부터 또 다른 고통이 시작되었지. 바로 고구려의 간섭에 시달린 거야. 고구려는 이래라 저래라 하는 식으로 신라의 나랏일을 간섭하기 시작했어.

427년 고구려 장수왕이 수도를 평양성으로 옮기고 한반도 남쪽으로 세력을 확장하자 신라는 더 큰 위협을 느꼈어. 이대로 있을 수만은 없었던 눌지왕은 백제와 손을 잡고 고구려를 막기로 결심해. 눌지왕은 고구려에 볼모로 끌려갔다가 신라에 돌아와 왕이 된 터라 더욱 고구려의 간섭에서 벗어나고 싶었을 거야. 장수왕에게 한강을 빼앗긴 백제도 신라와 비슷한 심정이었지. 그래서 신라와 백제는 '나제 동맹'을 맺어. 두 나라가 힘을 합치니 고구려도 쉽게 당해 낼 수가 없었어. 마침내 신라는 고구려의 간섭에서 벗어나 본격적으로 고대 국가의 모습을 갖추게 되었단다.

나제 동맹 나제는 신라의 '라'와 백제의 '제'를 하나씩 따서 붙인 것이고, 동맹은 힘을 모아 행동하기로 약속한다는 뜻이야.

호우명 그릇 신라의 무덤 호우총에서 나온 고구려의 청동 그릇이야. 고구려에서는 이러한 모양의 그릇을 '호우'라고 불렀어.

호우명 그릇 바닥 '을묘년 국강상광개토지호 태왕호우십'이라고 쓰였어. '국강상광개토지호 태왕'은 광개토 대왕을 가리키는 말이야.

503년 지증왕은 다른 나라처럼 왕의 칭호를 사용하기로 해. 사실 내물왕도 '내물 마립간'이라고 불렸어. 왕의 칭호를 놔두고 마립간으로 불린 것은 왕권이 약했기 때문이야.

지증왕은 나라 이름도 신라로 확정해. 그동안 신라는 서라벌, 사로국 등으로 불렸거든. 그리고 이사부 장군을 시켜서 우산국을 점령해 나라의 영토를 넓히지. 또 백성에게 소를 이용해서 농사를 짓도록 했어. 농사에 소를 이용하면 뭐가 좋을까? 사람이 하는 일을 소가 도우니 농사일이 한결 편해질 거야. 그래서 더 많은 농사를 짓고 수확이 늘어나는 거지.

법흥왕은 신라에 율령을 반포했어. 덕분에 신라도 왕을 중심으로 국가 질서를 잡을 수 있었지. 고구려에 비해 백여 년이나 늦었지만 말이야. 법흥왕은 불교를 받아들이는 일에도 적극적이었어. 불교에는 '왕은 곧 부처다.'라는 말이 있어. 부처처럼 덕을 쌓은 사람만이 왕이 된다는 믿음에서 나온 말이야. 법흥왕은 이 말을 통해 왕권을 더욱 강하게 만들고, 불교를 중심으로 백성의 마음을 모으고 싶었어. 그런데 신라에는 사람들이 오랫동안 믿어 온 토속 신앙이 있어서 불교를 받아들이기가 쉽지 않았지. 신라의 귀족들이 토속 신앙을

우산국 오늘날의 울릉도에 있던 나라

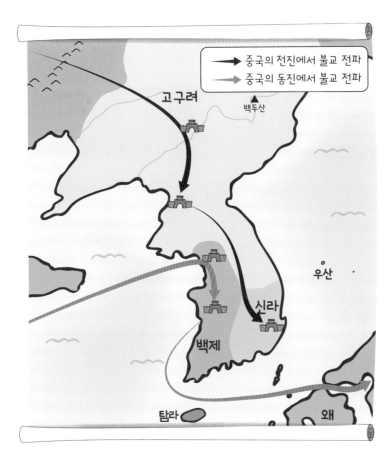

중국의 전진에서 불교 전파
중국의 동진에서 불교 전파

고구려
백두산
신라
우산
백제
탐라
왜

불교는 중국을 통해서 삼국으로 전해졌구나.

주도하여 백성을 지배했거든. 토속 신앙이 귀족의 지배 구조를 강하게 만들었던 거야.

토속 신앙 지방마다 전해 오는 고유한 신앙

법흥왕의 신하 이차돈은 불교 공인을 위해 발 벗고 나섰어. 귀족들이 제사를 지내는 숲에 절을 짓고, 귀족들을 찾아다니며 불교를 전했지. 하지만 귀족들은 거세게 반발하며 왕에게 이차돈을 죽여 달라고 요구했어. 그러자 이차돈은 스스로 왕을 찾아가 왕과

공인 국가나 사회에서 어떤 단체나 행위를 인정하는 것

이차돈 순교비

불교를 위해서 자신의 목숨을 바치겠다고 말했어.

"불교를 위해서 목숨을 바치겠습니다. 불교를 위해 죽는 순간 제 몸에서는 흰 피가 흐를 것입니다."

이차돈의 말대로 죽은 이차돈의 목에서 흰색 피가 솟구쳤다고 해. 그 모습에 사람들은 깜짝 놀랐지. 이차돈의 순교는 신라가 불교를 받아들이는 중요한 계기가 되었어. 이렇게 신라는 국가 제도를 만들고 불교를 공인하면서 나라를 안정적으로 발전시켜 나갔단다.

殉 따라 죽을 순
教 가르칠 교
자기가 믿는 종교를 지키기 위해 목숨을 바침

법흥왕 이름의 뜻이 '법을 흥하게 하다'인데, 여기에서 법은 불교를 말해.

아함

신라가 불교를 받아들이는 게 얼마나 어려웠는지 알 것 같아요.

으~

불교도 수용하고 율령까지 반포했으니, 이제 한강 차지만 남았네요.

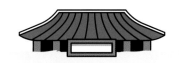

핵심 콕콕 역사 퀴즈

1 선생님의 물음에 알맞은 답을 찾아 ○표 해 보세요.

신라의 눌지왕은 고구려의 간섭에서 벗어나기 위해 어떤 일을 했을까?

(1)	(2)	(3)	(4)
고구려를 정벌했다.	당나라에 도움을 청했다.	일본과 더 친하게 지냈다.	백제와 나제 동맹을 맺었다.
( )	( )	( )	( )

2 다음 업적을 이룬 왕을 찾아 서로 연결해 보세요.

(1) 신라에서 왕이라는 칭호를 사용하기 시작했다. •

(2) 불교를 신라의 종교로 공인했다. •   • 지증왕

(3) 우산국을 점령했다. •

(4) 나라 이름을 신라로 확정했다. •   • 법흥왕

(5) 율령을 반포했다. •

서술·논술 완벽 대비

1 신라와 백제는 나제 동맹을 맺습니다. 신라와 백제가 서로 힘을 합친 까닭은 무엇인지 써 보세요.

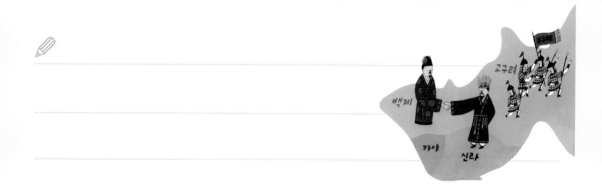

2 다음은 이차돈의 가상 인터뷰입니다. 자신이 이차돈이라고 상상하며 답해 보세요.

🎤 일찍부터 불교를 믿고 법흥왕을 도운 것으로 알고 있는데요, 불교를 널리 알리기 위해 무엇을 했나요?

🎤 불교 공인을 위해 목숨까지 내놓은 이유는 무엇인가요?

신라의 전성기

이제 신라도 전성기를 누리겠죠?

삼국의 전성기를 시대순으로 보면 '백제 → 고구려 → 신라'.

맞아, 이제 신라가 어떻게 한강을 차지하는지 알아보자.

이번에 만날 왕은 신라의 전성기를 연 진흥왕이야. 진흥왕은 백제에게 고구려를 공격하자고 제안했어. 고구려에 한강을 빼앗기고 수도를 웅진(지금의 공주)으로 옮긴 백제가 다시 사비(지금의 부여)로 옮겼거든. 백제는 호시탐탐 고구려에게 빼앗긴 한강을 되찾을 때를 노리고 있었어.

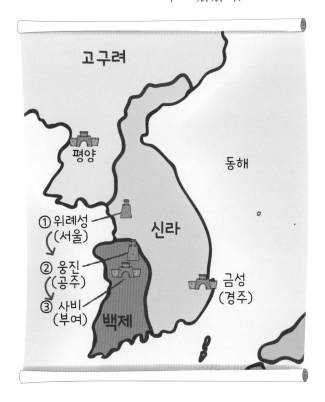

마침내 551년 신라와 백제는 힘을 모아 고구려를 공격해 승리를 거둬. 고구려는 한강을 빼앗기고 북쪽으로 이동하지. 신라와 백제는 한강 상류와 하류를 사이좋게 나눠 가졌어. 그런데 그 평화가 오래가지 못했단다.

◀ 백제는 수도를 위례성에서 웅진으로 옮겼다가 다시 사비로 옮겼어. 웅진은 너무 좁아서 나라를 발전시키기 어려웠거든.

"나제 동맹으로 고구려를 물리친 것은 좋지만 한강을 나눠 가진 것은 만족스럽지 않다. 한강 하류의 백제를 공격하라!"

백제는 신라의 공격에 한강 하류를 빼앗기고 물러나고 말아. 화가 난 백제의 성왕은 군대를 이끌고 신라를 공격했지만 뜻을 이루지 못하고 목숨을 잃었지. 백제 왕의 목숨까지 빼앗았으니 신라는 완전한 승리를 거둔 거야.

한강을 차지하자 신라에게는 다른 나라와 교류하는 길이 훤히 열렸어. 그동안 신라는 한반도 남동쪽 구석에 있어서 앞선 문물을 받아들이기 힘들었지. 이는 삼국 중 가장 늦게 발전한 원인이기도 해. 한강의 편리한 교통과 풍부한 식량 자원은 이후 신라가 큰 나라로 거듭나는 밑거름이 되었어. 진흥왕은 낙동강 유역은 물론 동해안의 영흥만 지역까지 차지하며 신라 역사에서 가장 큰 영토를 이뤄.

진흥왕은 새로 넓힌 땅 곳곳에 신라의 땅임을 알리는 비석을 세웠어. 북한산, 황초령, 마운령, 창녕에 세운 비석을 '순수비'라고 해. 진흥왕이 직접 가서 백성의 생활을 살피고, 하늘에 제사를 지낸 뒤 비석을 세웠지. 참, 단양 적성비는 왕이 직접 가지 않아서 순수비라고 부르지 않아.

巡 돌 **순**
狩 사냥 **수**
임금이 나라 안을 두루 살피며 돌아다님

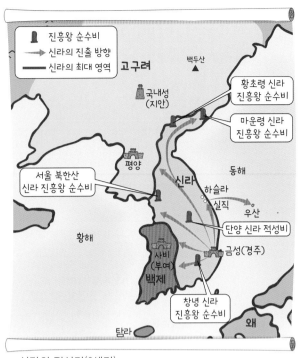

▲ 신라의 전성기(6세기)

서울 북한산 신라 진흥왕 순수비 진흥왕이 넓힌 신라의 영토를 알 수 있어.

신라의 전성기를 연 진흥왕은 '황룡사'라는 큰 절을 짓고, 불교 집회를 열어 백성의 마음을 모았어. 또 청소년 수련 단체인 화랑도를 새롭게 만들었지. 화랑으로 뽑힌 이들은 무술을 익히고, 나라에 충성하는 마음을 길렀어. 이들은 신라가 삼국을 통일하는 데 앞장섰단다.

진흥왕 이후에는 우리 역사 최초로 여왕이 등장해. 기나긴 역사에 여성이 왕이 된 일은 흔치 않아. 우리나라에서는 신라가 유일하지. 신라에서 여왕이 나올 수 있었던 이유는 뭘까?

花 꽃 **화**
郎 사내 **랑**
徒 무리 **도**
신라의 청소년 수련 단체

그건 골품제 때문이었어. 골품제는 신라의 신분 제도야. 신라에서는 아무리 능력이 뛰어나도 골품제를 뛰어넘어 높은 관직에 오르지 못했어. 게다가 신라에서 왕이 될 수 있는 신분은 성골뿐이었지. 그런데 진평왕을 이을 남자 성골이 없어서 여자 성골에게 왕위를 물려준 거야. 바로 선덕여왕이지. 이처럼 골품제는 아주 철저한 신라의 신분 제도였어. 골품제에 따라 사는 집의 크기와 옷, 장신구까지 정해진 것은 물론, 같은 신분끼리만 결혼해야 했어. 신라의 귀족들은 골품제를 통해 가문의 지위를 단단히 다졌어. 하지만 나중에 골품제는 신라의 발전을 막는 걸림돌이 되고 말아. 능력이 있어도 골품제 때문에 실력을 발휘할 수가 없으니 인재들이 신라를 떠났거든.

금제 허리띠 드리개 신라 무덤 금관총에서 나온 허리띠와 매달아 늘어뜨리는 장식이야. 무척 화려하지?

骨 뼈 골
品 물건 품
뼈에 등급이 있다는 뜻으로, 타고난 신분을 말해. 성골과 진골은 왕족, 6~4두품까지는 귀족이고 3~1두품부터는 훗날 평민이 되었어.

▼ 신라의 골품제

관등		골품 · 공복의 색			
등급	관등명	진골	6두품	5두품	4두품
1	이벌찬				
2	이찬				
3	잡찬				
4	파진찬				
5	대아찬				
6	아찬				
7	일길찬				
8	사찬				
9	급벌찬				
10	대나마				
11	나마				
12	대사				
13	사지				
14	길사				
15	대오				
16	소오				
17	조위				

자주색 옷을 입고 모든 관직에 오를 수 있어.

아찬까지 오르고 붉은색 옷을 입어.

대나마까지 오르고 파란색 옷을 입어.

대사까지 오르고 노란색 옷을 입어.

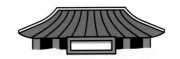

핵심 콕콕 역사 퀴즈

1 일이 일어난 순서에 맞게 번호를 써 보세요.

> (1) 신라와 백제가 함께 고구려를 공격했다.
>
> (2) 진흥왕은 나제 동맹을 깨고 백제를 공격하여 한강을 차지했다.
>
> (3) 한강 상류는 신라가 차지하고, 한강 하류는 백제가 차지했다.
>
> (4) 신라와 백제가 나제 동맹을 맺었다.

(4   -   -   -   )

2 진흥왕 순수비를 광개토 대왕릉비와 비교하며 써 보세요.

	광개토 대왕릉비	진흥왕 순수비
국가	고구려	(1)
세운 사람	장수왕	(2)
세운 이유	광개토 대왕의 업적을 기리기 위해	(3)

3 다음 빈칸에 들어갈 신라의 신분 제도를 써 보세요.

성골만 왕이 될 수 있는 〔　〕〔　〕〔　〕 때문에 여왕이 나올 수 있었다.

서술 · 논술 완벽 대비

❶ 진흥왕이 새롭게 만든 청소년 단체의 이름을 쓰고, 이 단체에 대해 설명해 보세요.

☐ ☐ ☐

✎

❷ 다음 설명을 바탕으로 신라의 신분 제도에 대한 자신의 생각을 써 보세요.

삼국의 사회와 문화

삼국 시대 사람들이 어떻게 살았는지 더 알고 싶어요.

고구려, 백제, 신라가 서로 어떻게 달랐는지도 궁금하고요.

그럴 줄 알고, 삼국의 사회와 문화 이야기를 하려던 참이야.

딱

방 방

삼국 시대에는 신분을 귀족, 평민, 천민으로 구분했어. 귀족은 나라에서 주는 땅과 노비를 부리며 대대로 잘 살았고, 평민들은 농사를 지으며 살았지. 평민은 국가에 세금을 내고, 전쟁이 나면 군사로 나서야 했어. 평민은 꼭 해야 할 의무가 있는 대신 자유가 주어졌지만, 천민인 노비에게는 자유가 없었어. 노비는 귀족의 재산처럼 여겼기 때문에 귀족이 시키는 일을 하고, 물건처럼 사고팔리기도 했지.

▲ 수산리 고분 벽화에는 고구려 사람들의 생활 모습이 그려져 있는데,
귀족은 크게 그리고, 신분이 낮은 사람은 작게 그려서 신분의 차이를 표현했어.

삼국의 문화는 나라별로 특색 있게 발전했어. 험준한 산이 많은 고구려는 강인하고 힘찬 특징이 있어. 백제는 중국과 활발하게 교류하면서 세련되고 화려한 문화를 이뤘지. 신라는 자신들만의 개성 있는 문화를 꽃피웠어.

삼국은 불교 문화가 발전했다는 공통점이 있어. 불교가 백성의 마음을 한데 모으는 중요한 역할을 한 만큼 불교 문화도 널리 퍼졌지.

서산 용현리 마애 여래 삼존상 '백제의 미소'로 알려진 바위에 새겨진 불상이야.

불교 문화를 잘 보여 주는 것은 탑과 불상, 절이야. 지금까지 전해 오는 탑 중에 가장 크고 오래된 것은 높이가 14미터나 되는 백제의 익산 미륵사지 석탑이야. 백제 무왕이 639년 익산에 미륵사를 짓고 거대한 석탑을 세웠는데 지금은 석탑과 절터만 남아 있어.

신라에도 거대한 탑이 있었어. 황룡사 9층 목탑과 경주 분황사 모전석탑이야. 나무로 만든 황룡사 9층 목탑은 전쟁 때 불타서 지금은 남아 있지 않아. 경주 분황사 모전석탑은 벽돌처럼 돌을 다듬어 쌓아 올려서 만든 탑으로, 본래 9층이었는데 현재는 3층만 남아 있어. 백제를 대표하는 불상은 서산 용현리 마애 여래 삼존상이 있어. 바위에 조각한 것인데도 한없이 부드러운 미소가 정교하게 조각된 모습을 볼 수 있지.

경주 분황사 모전석탑
돌을 벽돌 모양으로 깎아서 쌓아 올린 탑을 모전탑이라고 해.

탑 주위를 돌면서 극락왕생을 기원해 보자!

우아~ 이 거대한 목탑 높이가 80미터라고? 지금의 아파트 30층 높이잖아.

◀ 턱 밑에 구슬을 낀 채 날개를 활짝 펼친 봉황의 모습이야. 봉황은 상서로움을 상징하는 상상의 새야.

◀ 꽃잎 위에 신선과 온갖 짐승의 모습을 새겼어. 날개 달린 짐승이 보이지?

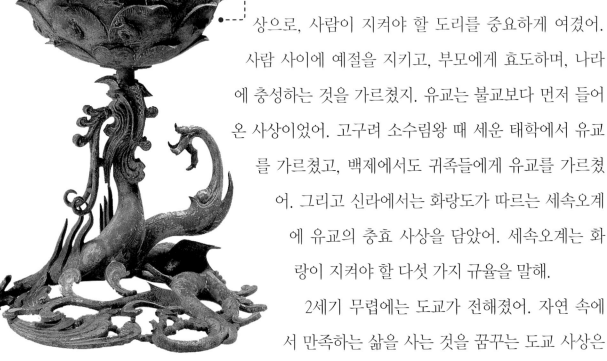

백제 **금동 대향로** 향로는 향을 피우는 화로야. 향로 받침은 용의 모습을 표현했어. 용의 앞발이 힘차게 뻗어 있어.

그런데 삼국 시대 사람들에게 영향을 미친 것이 불교만은 아니란다. 삼국 시대에도 유교와 도교가 있었어. 유교는 중국의 사상가 공자의 가르침을 담은 사상으로, 사람이 지켜야 할 도리를 중요하게 여겼어. 사람 사이에 예절을 지키고, 부모에게 효도하며, 나라에 충성하는 것을 가르쳤지. 유교는 불교보다 먼저 들어온 사상이었어. 고구려 소수림왕 때 세운 태학에서 유교를 가르쳤고, 백제에서도 귀족들에게 유교를 가르쳤어. 그리고 신라에서는 화랑도가 따르는 세속오계에 유교의 충효 사상을 담았어. 세속오계는 화랑이 지켜야 할 다섯 가지 규율을 말해.

2세기 무렵에는 도교가 전해졌어. 자연 속에서 만족하는 삶을 사는 것을 꿈꾸는 도교 사상은 각국의 문화에 잘 나타나 있지.

백제의 벽돌에는 구름, 산, 냇물이 그려져 있어서 '산수 무늬 벽돌'이라는 이름이 붙었어. 이곳은 신선이 사는 세계를 표현한 거야. 백제의 금동 대향로에도 자연과 신선의 모습이 조각되어 있지. 향로는 주로 불교에서 사용하지만 도교 사상을 함께 담고 있다는 걸 확인할 수 있어.

산수 무늬 벽돌

고구려는 강서대묘에 있는 벽화에서 도교 사상이 드러나. 벽화에 그려진 사신도는 동서남북 네 방위를 맡은 신을 나타낸 거야. 악기를 연주하는 신선의 모습에서 도교 사상을 엿볼 수 있지.

도교 신선 사상을 기반으로 여러 신앙 요소를 받아들여 만들어진 종교

신선 도를 닦아 자연 속에서 죽지 않고 산다는 상상의 사람

신라는 화랑 중 4명을 뽑아 신선이라는 뜻을 붙여 '사선'이라고 불렀어. 화랑의 중심 사상은 불교였지만 나라에 충성을 맹세하는 것이나 사선이라 부른 것을 보면 불교와 유교, 도교가 함께했다는 걸 알 수 있어. 이처럼 삼국은 다양한 사상을 받아들이며 발전했단다.

고구려의 무덤 강서대묘에 그려진 사신도

북쪽을 지키는 현무

동쪽을 지키는 청룡

서쪽을 지키는 백호

남쪽을 지키는 주작

핵심 콕콕 역사 퀴즈

1 다음 설명을 읽고, 각각 어떤 신분인지 보기 에서 골라 써 보세요.

보기

귀족   평민   천민

(1) 자유가 있지만 세금을 내고 전쟁이 나면 전쟁터에도 끌려가지.

(2) 주로 나랏일을 하고 땅과 노비도 많이 있어.

(3) 주인의 손발 노릇을 하며, 물건처럼 사고팔렸지.

(   )   (   )   (   )

2 다음은 어느 나라 문화유산인지 서로 연결해 보세요.

(1) 서산 용현리 마애 여래 삼존상

(2) 산수 무늬 벽돌

(3) 경주 분황사 모전석탑

(4) 강서대묘의 현무

고구려   백제   신라

서술·논술 완벽 대비

○ 다음 문화유산을 감상하고, 느낀 점을 써 보세요.

백제 금동 대향로

삼국의 대외 교류

쌤, 삼국 시대 유물이 어떻게 오늘날까지 전해질 수 있었나요?

가장 안전한 곳에 간직하고 있었기 때문이지. 그곳은 바로 무덤!

네? 무덤이라고요?

ㅋㅋ

옛사람들의 무덤은 우리를 그 시대로 안내하는 중요한 길잡이가 되곤 한단다. 무덤은 죽은 사람의 집과 같은 존재여서 당시의 문화가 잘 담겨 있거든.

삼국의 문화적 특징은 무덤을 만든 방식에서도 잘 드러나. 고구려 초기 무덤은 돌무지무덤이었어. 이후 돌로 방을 만들고 위에 흙을 덮는 굴식 돌방무덤을 만들었지. 그리고 돌방 벽에 그림을 그렸어.

무덤에 그린 벽화는 당시 고구려 사람들의 모습을 잘 보여 줘. '무용총'의 서쪽 벽에는 사냥하는 그림이 있어서 고구려 사람들이 사냥을

돌무지무덤 흙 대신 돌을 쌓아 올려 만든 무덤

무용총 남녀가 춤을 추는 모습이 그려져 있어서 무용총이라는 이름이 붙은 고구려의 무덤이야.

즐겼다는 걸 알 수 있어. 북쪽 벽에 있는 접객도에서는 신분에 따라 다른 옷을 입었다는 걸 알 수 있지. 접객도는 무덤의 주인으로 예상되는 사람이 집에서 손님을 맞는 모습을 그린 것인데 신분에 따라 사람의 크기를 다르게 그렸어.

백제 초기에 무덤을 만드는 방식은 고구려의 무덤과 비슷했어. 처음에는 돌무지무덤을 만들다가 점차 모습이 바뀌었지. 백제의 유적이 많이 남아 있는 '백제 역사 유적 지구'는 유네스코 세계 유산으로 등재되었단다.

백제 역사 유적 지구에서 눈여겨 봐야 할 것은 '무령왕릉'이야. 무령왕릉은 벽돌을 쌓아 만든 벽돌무덤으로 1971년에 발굴되었어. 당시 공사를 하며 땅을 파고 있었는데 삽에 뭔가 단단한 것이 걸리는 거야. 그것은 단단하게 쌓인 벽돌이었지. 공사를 멈추고 벽돌 속을 살피니, 화려한 유물로 가득한 왕의 무덤이었지 뭐야.

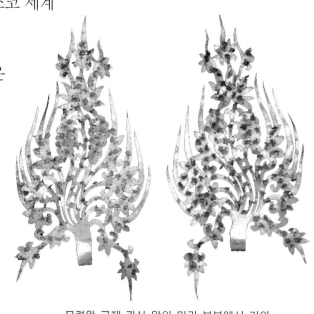

무령왕 금제 관식 왕의 머리 부분에서 거의 포개어진 채 발견되었어. 왕이 사용한 비단 모자에 꽂은 장식품으로 추정하지.

무령왕릉에서는 화려한 백제 문화를 보여 주는 유물들이 나왔어. 왕과 왕비가 사용했던 장신구들이 가득해서 백제만의 문화를 다시 한번 느낄 수 있었지. 그리고 무령왕릉에서는 중국 도자기와 중국 화폐, 일본 소나무로 만든 관의 일부가 나왔는데 이를 통해 당시 백제가 국제 교류를 활발하게 했음을 알 수 있어. 무덤에 벽돌을 쓴 것 역시 중국과 교류하면서 영향을 받은 거야.

신라의 무덤은 어떤 모습일까? 신라의 수도 경주에 가면 언덕처럼 보이는 것들이 많은데 이것이 바로 신라의 무덤이야. 신라 무덤은 고구려, 백제와는 만드는 방식이 좀 달랐어.

무령왕릉 석수 중국의 풍습을 따라 악귀를 쫓기 위해 무덤 안에 놓았어. 백제가 활발하게 국제 교류를 했다는 것을 보여 주지.

▲ (왼쪽부터) 고구려 장군총, 백제 무령왕릉, 신라 황남대총이야. 왕과 왕비의 무덤은 '릉(陵)'으로 부르고, 왕과 왕비의 무덤으로 짐작은 되지만 확실하게 주인을 알 수 없을 때 '총(冢)'으로 불러.

먼저 나무로 방을 만들고 그 위에 돌과 흙을 덮었지. 신라의 무덤은 드나드는 통로가 없어서 다른 나라 무덤보다 오늘날까지 온전히 전해진 것이 많아. 금관총에서는 화려한 금관이 발견되었고, 황남대총에서는 유리병과 유리잔 등 유리로 만든 다양한 물건이 발견되었어. 그런데 유리병은 신라에서 만든 게 아니라 저 멀리 서역에서 전해진 거야. 신라는 해외 여러 나라와 교류해 왔던 거지.

서역 중국의 서쪽에 있던 여러 나라들

삼국은 활발한 교류를 통해 문화를 발전시켰고, 또 다른 나라에 많은 영향을 미쳤어. 일본의 다카마쓰 고분 벽화 속 사람은 고구려 수산리 고분 벽화 사람의 모습과 닮았어. 또 삼국 시대에 만들어진 금동 미륵보살 반가 사유상은 일본의 목조 미륵보살 반가 사유상에 영향을 주었지. 고구려의 담징은 일본에 종이와 먹 만드는 법을 알려

▲ 돌무지무덤   ▲ 굴식 돌방무덤   ▲ 돌무지 덧널무덤

화려하고 섬세한 금관이야.

금관총 금관 화려하고 정교한 금관은 신라의 발달된 금속 세공술을 잘 보여 줘.

봉수형 유리병 신라의 무덤 황남대총에서 나왔어.

봉황머리처럼 생겨서 '봉수'라는 이름이 붙었구나.

◀ 금동 미륵보살 반가 사유상 조화롭고 세련된 조각 기술을 대표하는 삼국 시대 불상이야.

주고, 일본 호류사에 벽화를 남겼어. 신라도 일본에 배와 저수지 만드는 법을 알려 줬지. 이처럼 삼국의 문화는 특히 일본에 많은 영향을 주었어. 가장 큰 영향을 준 건 백제였어. 백제의 아직기와 왕인이 유학을 전해 주는 등 다양한 문화를 일본에 전했지. 일본은 백제의 문화를 받아들이면서 더더욱 백제 문화를 동경했어.

▲ 목조 미륵보살 반가 사유상 삼국의 영향을 받아 만든 일본의 불상이야.

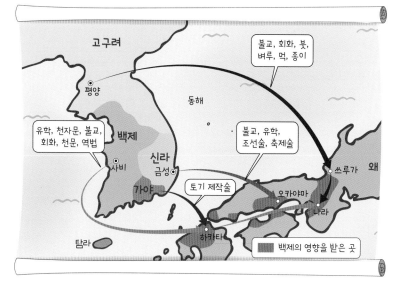

고구려
평양
불교, 회화, 붓, 벼루, 먹, 종이
동해
유학, 천자문, 불교, 회화, 천문, 역법
백제
사비
불교, 유학, 조선술, 축제술
신라
금성
가야
토기 제작술
쓰루가
왜
오카야마
나라
하카타
탐라
백제의 영향을 받은 곳

▲ 삼국 문화의 일본 전파

◀ 칠지도 복원품 백제 왕이 일본 왕에게 준 칼이야.

핵심 콕콕 역사 퀴즈

1 단계별 힌트를 보고 이곳이 어디인지 알맞은 답을 써 보세요.

1단계
출토 유물

2단계
벽돌을 쌓아 만든 무덤이다.

3단계
이곳은 백제의 문화적 특징을 잘 보여 준다.

(   )

2 다음 문화유산을 통해 알 수 있는 교류 지역을 서로 연결해 보세요.

(1) 봉수형 유리병 ●   ● 중국

(2) 무령왕릉 석수 ●   ● 서역

서술 · 논술 완벽 대비

① 두 무덤 양식의 특징을 써 보세요.

굴식 돌방무덤

돌무지 덧널무덤

✏️

② 1971년 무령왕릉의 발굴로 백제에 대해 알게 된 것을 아는 대로 써 보세요.

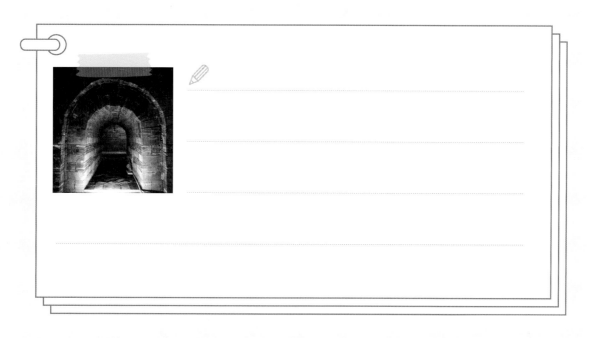

✏️

철의 나라 가야

'가야'는 어디로 가야
알 수 있나요?

재미없거든.

너희들 그거 아니?
고구려, 백제, 신라 말고
가야도 있었다는 거.

가야는 고구려, 백제, 신라와 거의 내내 함께 존재했던 나라야. 하지만 사람들은 고구려, 백제, 신라만 꼽아서 그 시대를 '삼국 시대'라고 하지. 가야까지 넣어 '사국 시대'라고 하자는 의견도 있지만 대부분 그렇게 하지 않아. 그 이유는 가야가 통합된 하나의 나라로 성장하지 못했기 때문이야. 가야는 멸망할 때까지 하나로 통합되지 못하고 연맹 국가로 남아 있었거든.

여러 나라가 함께하다 보니 건국 이야기도 다른 나라와는 조금 달랐지.

가야의 토기들

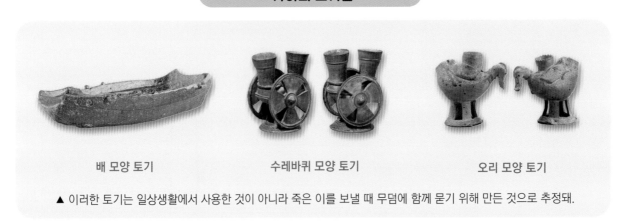

배 모양 토기　　　　수레바퀴 모양 토기　　　　오리 모양 토기

▲ 이러한 토기는 일상생활에서 사용한 것이 아니라 죽은 이를 보낼 때 무덤에 함께 묻기 위해 만든 것으로 추정돼.

《삼국유사》에 있는 가야의 건국 이야기를 들어 볼래? 한반도 남쪽 김해 지역 구지봉에서 이상한 소리가 들려오더래. 마을 사람들은 소리 나는 곳으로 몰려갔지. 그때 하늘에서 어떤 소리가 들려오는 거야.

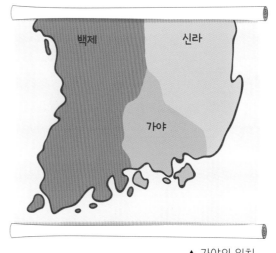

▲ 가야의 위치

"산꼭대기의 땅을 파며 '거북아, 거북아 머리를 내밀어라. 그렇지 않으면 구워 먹겠다' 하고 노래를 불러라. 그러면 하늘에서 왕이 내려올 것이다."

 사람들은 입을 맞춰 노래를 불렀어. 그러자 정말로 하늘에서 금빛 상자가 내려왔어. 그 안에는 여섯 개의 황금알이 있었지. 가장 먼저 알에서 나온 사람은 훗날 금관가야의 왕이 되었어. 바로 김수로 왕이야. 그리고 나머지 알에서 나온 사람들도 다른 가야의 왕이 되었어. 여러 나라 중 가장 크고 강한 나라는 금관가야였어. 그래서 금관가야를 중심으로 연맹을 맺었지.

덩이쇠

금관가야는 김해 지역에 있었는데 이곳이 옛날 어디였는지 기억하니? 그래, 풍부한 철광석과 뛰어난 철기 제조 기술을 갖춘 변한이 있던 곳이야. 그 전통이 이어져 금관가야도 철로 만든 덩이쇠를 돈처럼 사용할 정도였지.

금관가야는 국제적으로 활발하게 활동했어. 중국과 일본에 철을 수출하며 중국의 문물을 받아들여 일본에 전해 주었지. 이렇게 경제, 문화적으로 앞서 나가며 가야 연맹을 이끌었던 거야.

가야의 맏형 노릇을 하던 금관가야가 위험에 빠진 것은 광개토 대왕이 남쪽으로 진출하면서였어. 고구려의 광개토 대왕은 396년 백제를 공격하고, 400년에는 일본에 공격 당한 신라를 도와주기 위해 군사를 보냈어. 이때 고구려는 금관가야도 공격했어. 396년 금관가야가 백제를 도와 고구려에 맞섰기 때문이지. 고구려의 공격을 받은 금관가야는 큰 타격을 입고 세력이 약해졌어. 그러니 더는 가야를 대표하는 나라가 될 수 없었지.

금관가야의 시대가 저물자 대가야의 시대가 왔어. 이때부터를 '후기가야 연맹'이라고 부르지. 대가야는 농업이 발달한 나라였어. 그런데 금관가야의 철기 기술자들이 많이 넘어오면서 철기 기술이 발달하기 시작했어. 대가야는 옛날 금관가야처럼 풍부한 농작물과 철기 제작으로 가야 연맹을 이끄는 나라가 되지.

하지만 가야는 강력한 왕권을 가진 하나의 나라로 끝내 발전하지는 못했어. 신라와 백제가 왕권을 강화하고, 나라의 기틀을 다지며 행정 구역, 법, 종교를 정립할 때 가야는 연맹 국가로 남아 있었지. 가야는 신라와 백제의 위협을 받으며 불안하게 존재하다가 결국 대가야가 신라의 공격에 멸망하며 사라지게 돼.

그러나 가야의 역사는 스쳐 지나가도 될 정도로 가벼운 것이 아니야. 가야는 활발하게 대외 교류를 하며, 가야만의 문화를 일궈 냈거든. 지금까지 전해 오는 가야의 유물은 삼국 못지않게 뛰어나. 정교한 철 갑옷과 뛰어난 철기 제작 기술은 우리 문화의 큰 자랑거리지.

비늘갑옷 조각 비늘갑옷은 물고기의 비늘과 같은 작은 조각을 연결한 갑옷이야. 움직일 때 활동성이 높았지.

가야의 유물

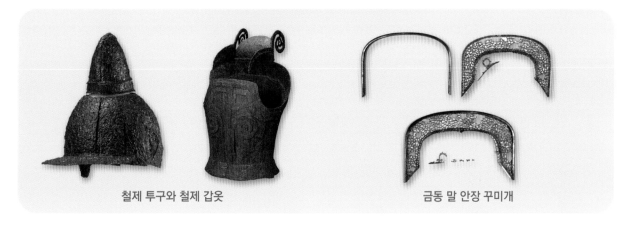

철제 투구와 철제 갑옷   금동 말 안장 꾸미개

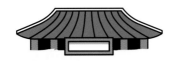

핵심 콕콕 역사 퀴즈

❶ 가야에 대해 잘못 설명한 내용을 찾아 번호를 써 보세요. (　　　)

(1) 가야는 여러 연맹체로 이루어진 연맹 국가였다.

(2) 가야는 신라, 백제와 국경을 맞대고 있어서 지역적으로 안정적이었다.

(3) 철이 많이 생산되는 지역으로 철을 수출하여 경제적으로 풍요로웠다.

(4) 바다를 끼고 있어서 중국, 일본과도 활발하게 무역할 수 있었다.

❷ 다음은 《삼국유사》에 있는 가야의 건국 이야기입니다. 빈칸에 알맞은 낱말을 써 보세요.

한반도 남쪽 구지봉 지역에서 이상한 소리가 들려 마을 사람들은 소리 나는 곳으로 몰려갔다. 그때 하늘에서 어떤 소리가 들려왔다.

"산꼭대기의 땅을 파며 '(1)　　　　아, (1)　　　　아

(2)　　　　를 내밀어라. 그렇지 않으면 구워 먹겠다' 하고 노래를 불러라.

그러면 (3)　　　　에서 왕이 내려올 것이다."

사람들은 입을 맞춰 노래를 불렀다. 그러자 정말로 하늘에서 금빛 상자가

내려왔다. 그 안에는 여섯 개의 (4)　　　　　　(이)가 있었다.

가장 먼저 알에서 나온 사람은 훗날 금관가야의 왕이 되었다. 그가 바로

(5)　　　　왕이다.

서술·논술 완벽 대비

1 다음 제시어와 유물을 보고 알 수 있는 금관가야의 특징을 써 보세요.

변한	

✎

2 고구려, 백제, 신라에 가야를 포함시켜 삼국 시대가 아닌 사국 시대로 해야 할까요? 자신의 생각과 그 이유를 써 보세요.

✎

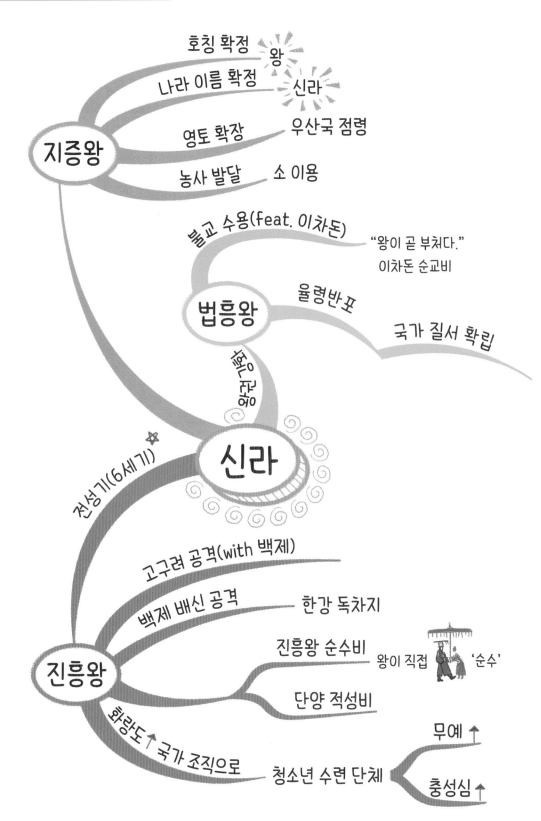

호칭 확정 — 왕

나라 이름 확정 — 신라

지증왕

영토 확장 — 우산국 점령

농사 발달 — 소 이용

불교 수용(feat. 이차돈) — "왕이 곧 부처다." 이차돈 순교비

법흥왕

율령반포

국가 질서 확립

영토 확장

신라

전성기(6세기)

고구려 공격(with 백제)

백제 배신 공격 — 한강 독차지

진흥왕 순수비 — 왕이 직접 '순수'

진흥왕

단양 적성비

화랑도↑ 국가 조직으로 — 청소년 수련 단체 — 무예↑ 충성심↑

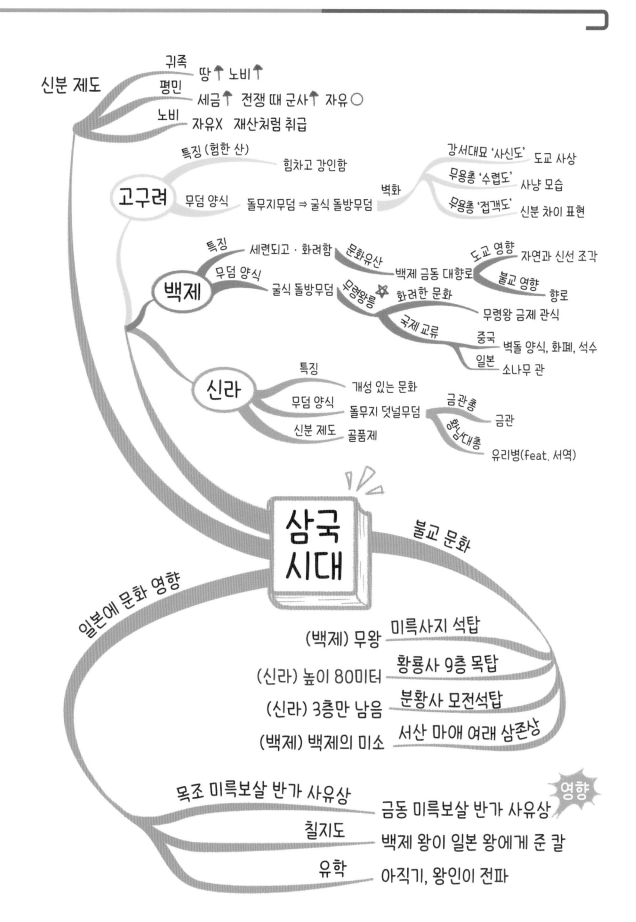

신분 제도
　귀족　땅↑ 노비↑
　평민　세금↑ 전쟁 때 군사↑ 자유○
　노비　자유X 재산처럼 취급

고구려
　특징 (험한 산)　힘차고 강인함
　무덤 양식　돌무지무덤 ⇒ 굴식 돌방무덤　벽화
　　　강서대묘 '사신도'　도교 사상
　　　무용총 '수렵도'　사냥 모습
　　　무용총 '접객도'　신분 차이 표현

백제
　특징　세련되고 · 화려함
　무덤 양식　굴식 돌방무덤
　문화유산
　　백제 금동 대향로
　　　도교 영향　자연과 신선 조각
　　　불교 영향　향로
　무령왕릉
　　화려한 문화　무령왕 금제 관식
　　국제 교류
　　　중국　벽돌 양식, 화폐, 석수
　　　일본　소나무 관

신라
　특징　개성 있는 문화
　무덤 양식　돌무지 덧널무덤
　신분 제도　골품제
　　금관총　금관
　　황남대총　유리병(feat. 서역)

삼국
시대

불교 문화
　(백제) 무왕　미륵사지 석탑
　(신라) 높이 80미터　황룡사 9층 목탑
　(신라) 3층만 남음　분황사 모전석탑
　(백제) 백제의 미소　서산 마애 여래 삼존상

일본에 문화 영향
　목조 미륵보살 반가 사유상　금동 미륵보살 반가 사유상　영향
　칠지도　백제 왕이 일본 왕에게 준 칼
　유학　아직기, 왕인이 전파

○ 다음 문화유산을 소개해 보세요.

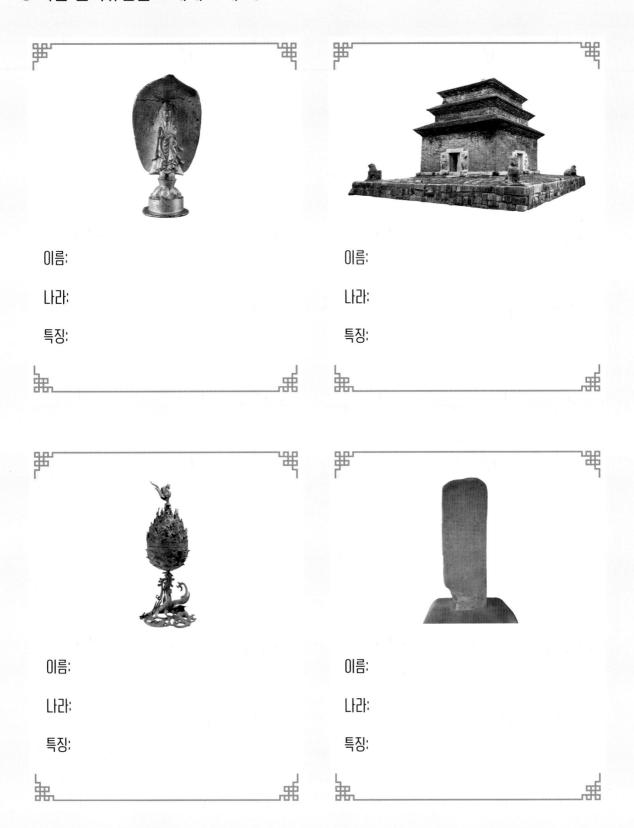

이름:

나라:

특징:

이름:

나라:

특징:

이름:

나라:

특징:

이름:

나라:

특징:

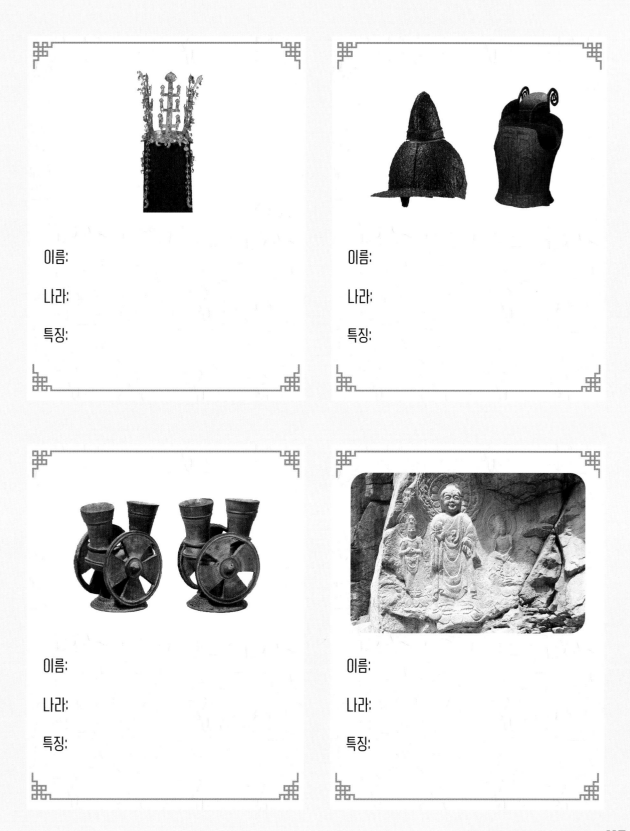

이름:

나라:

특징:

이름:

나라:

특징:

이름:

나라:

특징:

이름:

나라:

특징:

612년	645년	648년	660년
고구려 살수대첩	고구려 안시성 전투	신라와 당나라 나당 동맹 체결	백제 멸망

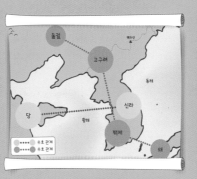

4주

668년	675~676년	676년	698년
고구려 멸망	매소성·기벌포 전투	신라 삼국 통일	발해 건국

중국에 맞선 고구려

고구려는 삼국 중에서 유독 전쟁을 많이 한 나라야. 험한 산이 많은 고구려는 농사지을 곳이 부족해서 전쟁을 통해 부족한 농지 문제를 해결했거든. 광개토 대왕이 정복 전쟁에 나서 넓은 영토를 차지했던 것 기억하지? 그런데 고구려가 강한 군사력으로 전쟁에서 이긴 건 결국 한반도를 지키는 결과가 되기도 했어. 이게 무슨 말이냐고?

6세기 말, 여러 나라로 갈라져 있던 중국이 수나라로 통일됐어. 중국을 통일한 수나라는 고구려에게 큰 나라로 섬기라며 요구했지. 하지만 고구려는 수나라를 섬길 마음이 전혀 없었어. 당시 고구려의 왕이었던 영양왕은 오히려 군대를 이끌고 수나라를 공격했단다. 그러자 수나라도 598년 고구려를 공격해 왔어.

30만 수나라 군사들은 요하를 건너 고구려로 향했지. 그런데 덥고 습한 날씨 때문에 군사들 사이에 전염병이 돌았지 뭐야. 씩씩하게 나가서 싸워도 힘든 게 전쟁인데 몸이 아프니 전쟁을 제대로 치를

▼ 요하는 중국에 있는 강으로 요하의 동쪽을 요동이라고 불러.

120

수가 있나. 게다가 고구려로 오는 도중에 폭풍우까지 만나 바다에 빠지는 사고도 있었어. 하는 수 없이 수나라 군사들은 피해만 보고 되돌아갔지.

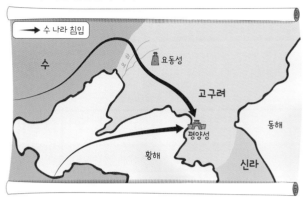

▼ 고구려를 침입한 수나라

하지만 수나라의 공격은 계속됐어. 612년 수나라 황제 양제는 113만 명에 이르는 군대를 이끌고 고구려로 쳐들어왔어. 고구려는 수나라 군대를 잘 막아냈지. 양제는 공격이 쉽게 풀리지 않자 작전을 바꿨어. 고구려의 수도인 평양성을 먼저 차지하면 공격이 쉬울 거라고 생각한 거지.

양제 수나라의 제2대 황제로 612부터 614년까지 고구려를 3차례나 공격했어.

수나라의 장수 우중문은 황제의 명령에 따라 군대를 따로 꾸려 평양성으로 향했어. 이때 고구려에서는 을지문덕 장군이 나섰지. 을지문덕은 몰려오는 수나라 군대와 정면으로 맞서지 않고, 싸우다가 뒤로 물러나고, 다시 싸우다가 뒤로 물러났어. 전투에 지는 것 같은데 꼭 그렇지만도 않은 거야. 몇 번을 그렇게 반복하다 고구려군은 평양성으로 들어가 굳게 문을 닫아 버렸어. 수나라 군사들은 이러지도 저러지도 못했지. 견고한 평양성 문을 열 수 없었거든.

을지문덕은 수나라 군대로 편지를 보냈어. 편지에는 어떤 내용이 쓰여 있었을까?

> 신묘한 그대의 작전은 하늘을 꿰뚫고
> 기묘한 생각은 온 땅을 통달했도다.
> 전쟁에서 이미 승리한 공이 높으니
> 만족한 줄 알고 그만 돌아가길 바라오.

우중문은 을지문덕의 편지를 받고 고개를 갸웃거렸어. 항복을 한다는 것인지 아닌지 헷갈리는 거야. 하지만 식량도 떨어지고, 군사들도 지친 상태라 고구려가 항복한 것으로 믿고 수나라로 돌아가기로 했어. 그런데 을지문덕은 정말 항복한 걸까?

수나라 군대는 줄지어 살수로 향했어. 그런데 그때, 잔잔하던 물살이 갑자기 거칠어지더니 어디서 나타났는지 고구려군의 공격이 시작됐지. 수나라 군사들은 꼼짝없이 당하고 말았어. 이것이 바로 '살수대첩'이야. 수나라 30만 군사 중 2700여 명만 살아 돌아갈 정도로 고구려가 크게 이겼어. 살수대첩으로 군사를 잃은 수나라는 얼마 가지 않아 멸망하게 돼. 무리하게 고구려를 침략한 결과지. 결국 수나라는 건국한 지

30년 만에 무너지고 말아.

이후 중국에는 당나라가 들어서지. 당나라는 한동안 고구려와 사이좋게 지냈어. 고구려를 공격하다 멸망한 수나라를 보고 전쟁을 일으킬 수 없었겠지. 고구려도 당나라의 침략에 대비해 천리장성을 쌓으며 경계를 늦추지 않았어. 하지만 얼마 지나지 않아 당나라 황제 태종은 연개소문이 권력을 차지한 것을 트집 잡아 고구려로 쳐들어왔어.

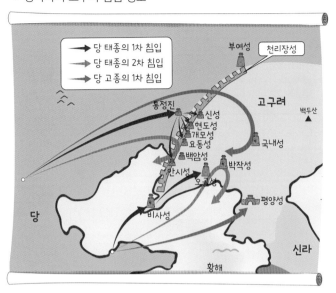

▼ 당나라의 고구려 침입 경로

연개소문 영류왕을 죽이고 보장왕을 왕위에 올린 뒤 실질적인 고구려 최고 지배자로 지내며 천리장성을 쌓는 데 앞장선 인물이야.

고구려는 당나라에게 성 일부를 빼앗겼지만 끈질기게 맞서 싸웠어. 특히 고구려군과 백성들은 안시성에서 당나라에 맞서 오랜 기간 버텼지. 당나라 군대는 공격을 위해 흙을 높이 쌓아 산까지 만들었지만 끝내 안시성을 차지하지는 못했어. 고구려가 안시성을 지켜냈기 때문에 당나라는 한반도로 더 깊숙이 들어올 수 없었던 거야.

당나라는 이후에도 여러 번 고구려를 공격했지만 고구려를 무너뜨리지 못했어. 그렇게 고구려 공격에 실패한 당나라 태종은 죽기 전에 '고구려를 정복하려 하지 말라'는 유언을 남겼대.

수나라와 당나라를 막아 내지 못했다면 한반도는 어떻게 되었을까?

이렇게 흙으로 산까지 쌓다니 정말 집요했네요.

고구려가 한반도의 방파제 역할을 한 거군요.

핵심 콕콕 역사 퀴즈

① 다음은 고구려와 수나라의 전쟁 상황을 보여 주는 카드입니다. 시대 순서에 맞게 카드 번호를 써 보세요.

⑴ 결국 수나라가 멸망하고 이후 중국에는 당나라가 들어선다.

⑵ 중국을 통일한 수나라는 고구려에게 큰 나라로 섬길 것을 요구했다.

⑶ 고구려의 영양왕은 수나라의 요구를 들어주기는커녕 군대를 이끌고 수나라를 공격했다.

⑷ 고구려는 수나라 군대와 정면으로 맞서지 않고, 평양성으로 들어가 굳게 문을 닫아버렸다.

⑸ 수나라 군대가 살수를 건널 때, 고구려 군의 공격이 시작되었다.

⑹ 수나라 양제는 고구려의 수도인 평양성을 공격했다.

(2 — — 6 — — —)

② 다음은 당나라가 고구려를 침략하는 과정을 지켜본 사람의 기록입니다. 알맞은 낱말에 ○표 해 보세요.

> 당나라는 (연개소문 , 양만춘)이
> 권력을 차지한 것을 트집 잡아 고구려를 침략했다.
> 고구려는 당나라에게 성 일부를 빼앗겼지만 끈질기게 맞서 싸웠다.
> 특히 고구려군과 백성은 (안시성 , 평양성)에서
> 병사들과 함께 당나라에 맞서 오랜 기간 버텼다.

서술 · 논술 완벽 대비

❶ 고구려를 한반도의 방파제라고 하는 이유가 무엇인지 써 보세요.

🖉

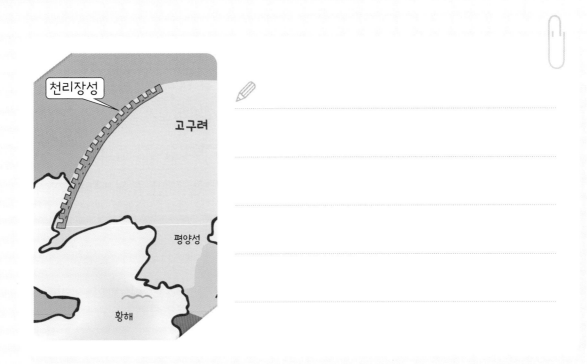

◀고구려 성

❷ 고구려가 천리장성을 쌓은 이유가 무엇인지 써 보세요.

🖉

한강을 두고 다투는 삼국

고구려가 수나라와 당나라를 물리치는 동안 신라와 백제는 평화로웠겠네요?

오히려 이때부터 삼국의 물고 물리는 전쟁이 시작된다는 사실!

오~ 뭔가 긴장감이….

나제 동맹을 맺은 신라와 백제가 한강을 차지하고 나서 동맹이 깨진 거 기억하지? 신라가 백제를 공격해서 한강을 모두 차지해 버렸잖아. 이후 백제는 다시 도약하기만을 기다렸어.

백제는 의자왕이 왕위에 오르면서 다시 힘을 내기 시작했지. 의자왕은 신라를 공격해 신라의 성 40여 개를 빼앗았어. 신라에게 큰 위기가 닥친 거야. 신라는 예전에 했던 것처럼 고구려에 도움을 청했지. 이때 고구려의 연개소문을 찾아간 사람은 훗날 태종 무열왕이 된 김춘추였어.

하지만 연개소문은 도리어 신라가 빼앗은 고구려 땅이나 돌려 달라고 요구했어. 김춘추는 고민 끝에 당나라에게 도움을 청했지.

"나중에 당나라가 고구려를 공격할 때 기꺼이 도울 테니 우리 신라를 좀 도와주시오."

▼ 나당 연합 당시 삼국의 우호 관계

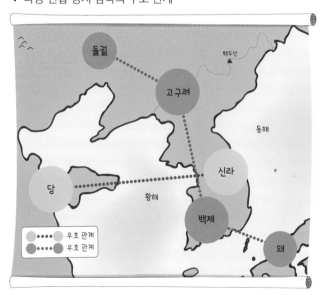

돌궐

백두산

고구려

동해

당

신라

황해

백제

왜

●●●● 우호 관계
●●●● 우호 관계

김춘추의 제안에 당나라는 신라와 군사 동맹을 맺어. 이를 '나당 연합'이라고 해. 당나라는 고구려와 국경을 맞대고 있어서 고구려가 늘 눈엣가시였지. 나당 연합군은 고구려와 백제를 멸망시키면 대동강 북쪽은 당나라가 차지하고, 남쪽은 신라가 차지하기로 약속했어.

▼ 나당 연합의 백제 공격

660년, 신라는 당나라 군대와 함께 백제를 먼저 공격했어. 백제는 나당 연합군의 공격을 제대로 막지 못하고 우왕좌왕했지. 백제의 의자왕은 처음에는 신라를 공격할 정도로 나라를 열심히 돌봤지만, 나중에는 나랏일에 소홀했거든. 그래서 귀족들의 지지도 잃고 내부 갈등으로 힘겨웠을 거야. 하지만 이대로 포기할 수만은 없었어.

백제의 계백 장군은 약 5천 명의 백제군을 이끌고 황산벌로 갔어. 맞서 싸울 상대는 김유신 장군이 이끄는 5만 명의 신라군이었지. 백제가 훨씬 불리했지만 신라의 공격을 네 번이나 막아 냈어. 그러나 결국 백제는 황산벌 전투에서 지고 말아. 이후 신라군은 백제의 사비성까지 진격하여 백제를 무너뜨리지.

이제 나당 연합군은 어디로 눈길을 돌렸을까? 바로 고구려였어!

연개소문은 처음에는 나당 연합군을 잘 막았어. 하지만 시간이 지날수록 고구려의 힘은 약해졌지. 수나라, 당나라와 전쟁을 거듭하면서 지쳤던 거야. 그리고 무엇보다 연개소문이 죽으면서 고구려 내부에 분열이 생기기도 했어.

연개소문은 고구려의 '대막리지'라는 최고의 벼슬을 가지고 왕보다 큰 권력을 휘둘렀어. 왕도 아니면서 왕처럼 권력을 행사하니 연개소문에게 불만을 품는 세력이 있었지. 이들은 연개소문이 죽자 연개소문 아들들을 이간질하기 시작했어. 첫째 남생에게는 둘째와 셋째가 권력을 노린다고 하고, 둘째와 셋째에게는 남생이 너희를 죽일지 모른다고 하는 식이었지. 결국 첫째 남생이 불안함을 느끼고 당나라로 피신해. 이때 당나라는 남생을 통해 고구려의 사정을 모두 알아냈어. '적을 알고 나를 알면 전쟁에 지지 않는다.'는 말이 있는데 당나라에게 아주 유리한 상황이 된 거야. 내부 분열로 힘을 잃은 고구려는 668년에 나당 연합군의 공격에 멸망하고 말아. 이렇게 백제와 고구려의 역사가 끝이 났지.

대막리지 행정권과 군사권을 거느릴 수 있는 고구려 말기 최고의 벼슬

가장 힘이 약하고, 한반도 구석에서 발전도 가장 느리던 신라가
백제와 고구려를 멸망시키다니 놀랍지 않니?

그런데 신라가 승리할 수 있는 비결이 있긴 했어. 바로 화랑
도야. 신라에는 화랑도를 통해 배출된 인재들이 많이 있었어.
백제를 멸망시킨 태종 무열왕 김춘추는 대표적인 화랑이지.
김춘추는 왕이 되기 전부터 고구려, 당나라를 돌아다니며 외
교관 역할을 톡톡히 했어. 그리고 왕이 되어서는 신라를 잘
이끌었지. 무열왕을 도와 삼국 통일에 공을 세운 김유신도
화랑이었단다.

임신서기석 경주에서 발견된 비석
으로, 신라의 두 화랑이 학문에 전
념할 것과 국가에 충성할 것을 맹
세한 내용이 새겨져 있어.

경주 태종무열왕릉비 귀부와 이수 삼국 통일을 이끈 태종 무열왕 김춘추의 무덤 앞에
세운 비야. 비석은 사라졌지만 거북 모양의 받침돌 귀부와 용 모양의 비석 머리가 생동
감 있게 표현되었어.

만약에 연개소문의 아들들이
서로 싸우지 않았다면
어떻게 됐을까요?

아니면 고구려와 신라가
연합해 당나라를
공격했다면 어땠을까요?

역사에서 만약은 없단다.

핵심 콕콕 역사 퀴즈

1 문제를 읽고 맞으면 ○표, 틀리면 ✕표에 표시해 보세요.

	O	X
(1) 김춘추는 고구려의 연개소문에게 도움을 청했다.		
(2) 당나라는 김춘추의 제안을 거절하고 백제와 힘을 합쳤다.		
(3) 계백 장군은 신라군을 맞아 모든 싸움에서 이겼다.		
(4) 660년 멸망한 백제의 마지막 왕은 의자왕이다.		
(5) 고구려에서는 연개소문이 죽자 지도층에 내부 분열이 생겼다.		
(6) 김춘추와 김유신은 화랑 출신이다.		

2 다음은 시대 순으로 사건을 나열한 기차입니다. 빈칸에 들어갈 답을 **보기** 에서 골라 써 보세요.

보기
나당 연합군 백제 공격 　　　　　나당 연합군 고구려 공격

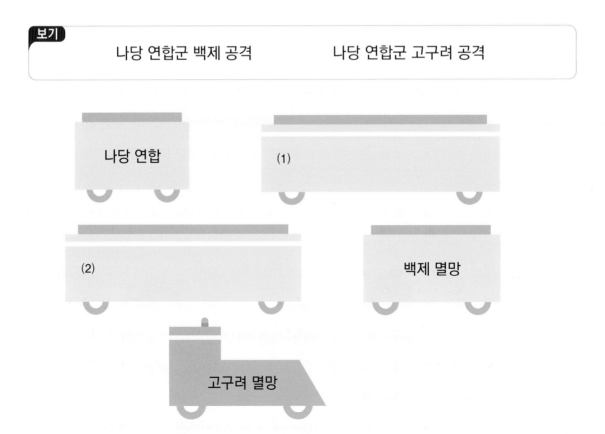

서술·논술 완벽 대비

❶ 신라와 당나라는 나당 연합을 맺습니다. 신라가 당나라와 연합을 맺은 까닭과 당나라가 신라와 연합을 맺은 까닭을 써 보세요.

(1) 신라가 당나라와 연합을 맺은 까닭

✎

(2) 당나라가 신라와 연합을 맺은 까닭

✎

❷ 보기 의 낱말을 모두 사용해 황산벌 전투에 대해 설명해 보세요.

보기						
계백	김유신	5만 명	5천 명	신라	백제	황산벌

✎

이제는 통일 신라

갑자기 나라가 없어진 고구려와 백제 사람들은 어떻게 되는 거예요?

지금부터 신라 사람 시작~! 이렇게 되는 건가요?

아무래도 혼란스러웠겠지? 거기다 예상치 못한 상황까지 일어났단다.

遺 남길 유
民 백성 민
망하여 없어진 나라의 백성

삼국을 통일한 통일 신라는 고구려와 백제 유민을 아우르기 위해 노력했어. 하지만 일부 고구려와 백제 유민들은 자기 나라의 멸망을 받아들이기가 쉽지 않았어. 수백 년을 이어 온 나라이니 당연했겠지. 그래서 유민들은 나라를 되찾기 위해 부흥 운동을 펼쳤어.

백제는 왕족 '복신'과 승려 '도침'이 힘을 모았고, '흑치상지'라는 장군도 부흥군을 이끌고 나섰지. 처음에는 백제의 부흥 운동이 꽤 힘을 발휘했지만 나중에는 힘을 잃고 말아.

고구려는 마지막 왕인 보장왕이 항복하면서 멸망했는데 왕의 결정과 달리 고구려 유민들은 당나라에 맞서 싸웠어. 그러자 당나라는 고구려 유민들이 힘을 모으지 못하도록 뿔뿔이 흩뜨려 놓았지.

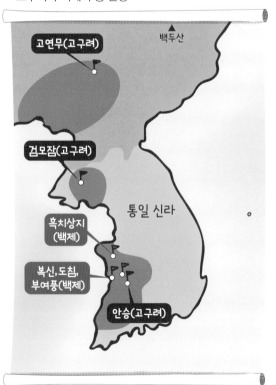

▼ 고구려와 백제 부흥 운동

백두산

고연무(고구려)

검모잠(고구려)

흑치상지
(백제)

복신, 도침,
부여풍(백제)

안승(고구려)

통일 신라

고구려와 백제가 멸망했지만, 당나라는 한반도에 남아 있었어. 나당 연합군이 처음에 약속한 것처럼 대동강 북쪽은 당나라가, 남쪽은 신라가 차지하자고 했기 때문이었지. 그런데 당나라가 백제 땅에 웅진도독부를 설치하고, 고구려 땅에 안동도호부, 신라 땅에는 계림도독부를 둔 거야. 한반도를 모두 차지하려는 욕심을 드러낸 거지.

신라는 이대로 당하고만 있을 수는 없었어. 무열왕 다음으로 왕위에 오른 문무왕은 당나라를 몰아내기로 했지. 여기에는 고구려의 유민과 백제의 유민도 힘을 모았어.

신라와 당나라 사이에 큰 전쟁이 일어난 건 675년이었어. 동맹을 맺었던 신라와 당나라가 나당 전쟁의 주인공으로 만나게 된 거야. 전쟁이 일어난 곳은 경기도 연천군에 있는 매소성이었어. 당나라군이 매소성에 머물자 신라군은 성을 겹겹이 둘러싸고 공격을 시작했지. 전쟁의 결과는 어떻게 됐을까?

경주 문무대왕릉 문무왕의 수중릉으로 알려진 대왕암이야. 나라를 지키는 용이 되겠다는 문무왕의 의지에 따라 이곳에 무덤을 세웠다고 전해져.

당나라 진격로
신라 진격로

백두산

당

평양성

동해

매소성

신라

황해

금성

기벌포

신라군은 매소성 전투에서 20만 명에 이르는 당나라군을 물리치고 승리했어. 전투의 패배로 당나라군은 큰 타격을 입지. 그리고 다음 해인 676년에는 기벌포에서 당나라 수군과 신라군이 다시 전투를 벌였어. 이번에도 승자는 신라였단다. 신라가 당나라를 몰아내는 데 성공한 거야.

비록 한반도의 남쪽만 차지했지만, 신라는 당나라를 몰아내고 통일 신라로 거듭나게 되었어. 신라의 삼국 통일은 우리 민족 최초의 통일이라는 점에서 큰 의미가 있어. 삼국이 통일되면서 삼국 간의 전쟁도 사라졌고, 통일로 인해 우리 민족 문화 발전의 바탕을 마련했다고 할 수 있지.

하지만 아쉬운 점도 있어. 당나라의 도움을 받아 통일 전쟁이 시작되었다는 것은 두고두고 안타까워. 통일을 하고도 통일 신라의 영토는 대동강 이남으로 축소되었으니까. 그래도 고구려와 백제 유민까지 당나라를 몰아내는 데 힘을 모았다는 것은 우리 민족의 자주성을 보여 주는 것이라서 다행이지 뭐야.

언어와 문화가 다른 당나라를 받아들이기는 어려웠으니까.

우리가 남이가! 한반도에 사는 우리는 한민족!

고구려와 백제 유민이 당나라를 몰아내기 위해 신라와 힘을 모으다니 감동적이에요.

통일 신라는 이제 새로운 나라로 거듭나기 위한 일을 시작했어. 통일 이후 땅이 세 배나 넓어지자 귀족들은 서로 자기 공적이 크다며 나섰지. 이건 왕의 권력을 위협하는 행동이었어. 문무왕에 이어 왕이 된 신문왕은 가만히 있을 수 없었지. 그래서 왕권을 강화하기 위한 일들을 벌이기 시작했어.

가장 먼저 한 일은 왕 아래 집사부를 두어 나랏일을 시킨 거야. 그 전에는 귀족 회의를 통해 나랏일을 정했는데 이제 귀족을 빼고, 왕 아래 국가 기관에서 맡도록 한 거지. 이렇게 하니 귀족들의 권한은 자연히 줄어들었어. 그리고 귀족 세력을 견제하기 위해 '상수리 제도'를 실시했어. 상수리 제도란 지방 귀족의 자식 중 한 명을 신라의 수도 금성에 와 있게 하는 거야. 귀족의 자식은 볼모나 마찬가지였어. 자식이 왕 가까이에 있으니 함부로 왕을 공격할 수 없었던 거지.

통일 신라는 왕권 강화를 위해 행정 조직과 군사 제도도 새롭게 고쳤어. 행정 조직을 바꾸고, 군사 제도를 정비할 때 고구려 유민과 백제 유민을 고려하는 것도 잊지 않았지. 옛날 백제와 고구려 귀족을 살던 지역에서 그대로 살게 한 거야. 새롭게 신라의 백성이 된 고구려와 백제 사람은 물론 말갈족까지 받아들여서 군대를 꾸렸어. 삼국을 통일한 뒤에는 모두 어우러져 사이좋게 살기를 바랐던 거지.

功 공 **공**
績 길쌈할 **적**
노력과 수고를 들여 이루어 낸 일의 결과

볼모 나라 사이에 조약을 지키는 것을 담보로 상대 나라에 억지로 머무르게 하던 왕자나 사람

바쁘다, 바빠!
통일 신라는 왕권 강화!

그런데 왜 말갈족까지
받아들였나요?

미루가 중요한 질문을 했구나.
답은 다음 장에서 나오니
빨리 넘어가 볼까?

집사부

상수리 제도

행정 조직

군사 제도

핵심 콕콕 역사 퀴즈

❶ 다음 문제의 정답은 무엇일까요? 단계가 낮을수록 얻는 점수가 높으니 집중해서 문제를 풀어 보세요.

1단계 – 100점

통일 신라의 신문왕이 시행한 제도다.

2단계 – 90점

귀족 세력을 견제하고 왕권을 강화하기 위해 실시했다.

3단계 – 80점

지방의 귀족 자제를 수도 금성에서 살도록 한 제도다.

정답 : _____   얻은 점수 : _____

❷ 삼국 통일 후 통일 신라는 주변 나라 사람들을 적극적으로 받아들입니다. 신라가 어떤 사람들을 받아들였는지 보기 에서 골라 써 보세요.

> 보기
>
> 고구려 유민   백제 유민   말갈족   일본인   러시아인   발해인

신라는 (   )와/과 (   )은/는 물론 (   )까지

받아들여서 군대를 조직했다.

서술·논술 완벽 대비

1 다음 지도에 나타난 전쟁은 무엇인가요? 전쟁하는 두 나라의 이름을 쓰고, 이 전쟁이 일어난 이유가 무엇인지 써 보세요.

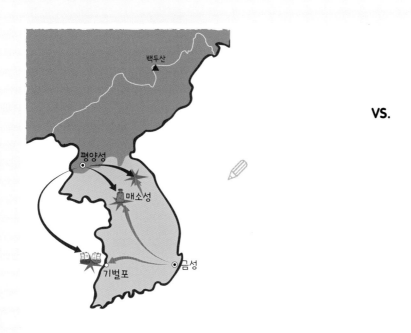

vs.

2 신라가 이룬 삼국 통일의 의미와 문제점에 대한 자신의 생각을 써 보세요.

해동성국 발해

쌤, 통일 신라를 남북국 시대라고도 하던데 뭐가 맞는 거예요?

둘 다 맞아. 남쪽에는 통일 신라, 북쪽에는 발해. 남쪽과 북쪽에 나라가 있으니까 남북국 시대라고 하는 거란다.

남극과 북극을 말하는 줄 알았어요. 헷갈리지 말자! 남북국 시대!

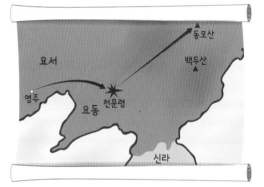

▲ 698년 대조영이 동모산 일대에 발해를 건국했어.

당나라는 고구려 유민이 서로 힘을 모으지 못하도록 뿔뿔이 흩뜨려 놓았지만 고구려 유민의 힘을 온전히 막을 수는 없었단다. 대조영이 고구려 유민과 말갈족을 모아 새로운 나라, '발해'를 세웠으니까.

말갈족은 북쪽에 널리 흩어져 사는 민족인데 예부터 고구려와 왕래가 잦고 아예 고구려에 정착해서 살기도 했어. 그런데 당나라가 말갈족을 못살게 구니까 대조영을 따라 발해를 세우는 데 힘을 모은 거야. 고구려가 망하고 꼭 30년 만의 일이었지.

대조영이 발해를 세우자 고구려 유민이 여기저기에서 모여들었어. 고구려를 잇는 나라가 만들어졌으니 어쩌면 당연한 일이었지.

당나라는 처음에는 대조영이 세운 나라를 인정하지 않았어. 하지만 발해가 점점 강해지니 대조영을 한 나라의 왕으로 인정하고, 두 나라는 조금씩 교류를 넓혀 나갔어.

대조영에 이어 발해의 왕이 된 무왕은 주변 나라들에 외교 문서를 보냈어. 문서에는 '발해는 고구려를 잇는 나라'라고 썼지. 중국은 발해를 당시 중국의 지방 정권이었다고 주장하는데, 무왕의 외교 문서가 정확한 사실을 말해 주고 있어. 발해는 중국이 아니라 고구려를 잇는 나라였다는 걸 말이야.

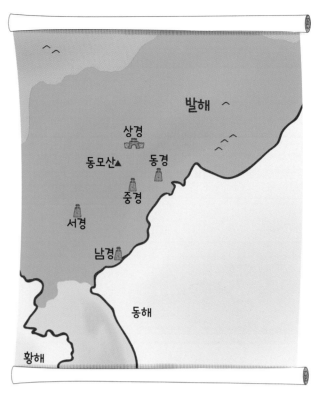

▲ 발해는 5개의 수도가 있었어. 북쪽에 상경을 두고 동쪽, 서쪽, 남쪽에 동경, 서경, 남경, 가운데에 중경이 있었지.

발해는 세력을 키우며 사방으로 뻗어나갔어. 고구려 영토를 되찾겠다며 나선 거지. 결국 발해는 고구려보다 더 큰 영토를 차지했단다. 당나라는 발해를 '해동성국'이라고 불렀어. 해동성국은 '동쪽에 있는 번성한 나라'라는 뜻으로, 발해가 얼마나 큰 나라였는지 알 수 있지.

쌤, 발해는 고구려 유민과 말갈족이 세운 나라인데 고구려를 잇는 나라라고 할 수 있나요?

발해와 통일 신라를 남북국 시대라고 하는 걸 보면 발해도 우리 역사가 맞지 않아?

아주 중요한 질문이구나. 지배층이 고구려인이고 고구려의 문화를 이었으니 당연히 우리나라 역사지!

발해의 문왕은 수도를 동모산 근처에서 상경으로 옮겼어. 원래 수도였던 동모산 일대는 험해서 적의 공격을 막기는 쉬웠지만 평야가 부족한 것이 문제였지. 하지만 상경으로 수도를 옮기면서 농지 문제를 해결했어. 그리고 상경을 중심으로 다양한 교역로를 만들어 주변 나라와 활발하게 교류했단다. 상경에서 뻗어 나가는 다섯 개의 길이 있었는데, 이를 '발해 5도'라고 해. 5도 중에는 당나라로 가는 길이 두 갈래였고, 신라와 일본, 거란으로 가는 길이 한 갈래씩 있었어. 발해의 특산물인 담비 가죽을 파는 '담비길'도 있었는데, 발해 담비 가죽은 주변 나라에 인기가 좋았던 모양이야.

발해는 여러 나라와 활발하게 교류하면서 문화적으로도 번성했어. 발해는 고구려 문화를 바탕으로 당나라와 말갈족의 문화까지 받아들여 발해만의 고유 문화를 발전시켰어.

교역로 나라 사이에 물건을 사고팔 때 오간 길

140

발해의 첫 번째 수도였던 동모산 지역의 건물은 고구려의 건물 양식과 비슷해. 상경의 궁궐이나 절에서 발견되는 기와도 고구려 기와와 비슷하지. 또 비슷한 것은 무덤 양식이야. 고구려는 돌방무덤이었는데 발해도 돌방무덤이 있었지. 문왕의 둘째 딸 정혜 공주의 무덤은 고구려의 무덤 만드는 방식과 비슷했어.

발해에서 찾을 수 있는 고구려와 가장 비슷한 문화는 '온돌'이야. 온돌은 아궁이에 불을 지펴 방바닥을 데우는 우리나라의 난방 방식으로, 중국에서 사용하지 않거든. 그런데 발해의 집에서 온돌이 발견되었어. 발해와 고구려의 난방 방식이 같았던 거지.

이런 유물과 유적을 통해 우리는 발해가 고구려를 잇는 나라라는 걸 더 확실하게 알 수 있어. 역사학자들은 통일 신라와 발해가 존재했던 이때를 '남북국 시대'라고 부르며 발해의 역사를 소중하게 여긴단다. 고구려를 잇고, 고구려 못지않게 번성했던 발해를 기억하렴.

발해의 연꽃무늬 수막새(왼쪽)와 고구려의 연꽃무늬 수막새(오른쪽) 수막새는 처마끝을 마감하는 기와를 말해. 두 나라의 수막새가 비슷해 보이지?

고구려 온돌 터

견고려사 목간 복원품 '견고려사'는 발해에 보낸 일본 사신을 말해. 일본이 발해를 '고려'라고 표현한 것을 통해 일본도 발해가 고구려를 계승한 나라임을 인식하고 있어.

발해가 중국의 역사라니, 웬 말이냐!

역사 왜곡 절대 금지

그래, 너희들 말이 다 맞다!

북쪽은 발해, 남쪽은 통일 신라!

기억하자, 남북국 시대!

핵심 콕콕 역사 퀴즈

❶ 다음 설명 글에 알맞은 말을 찾아 ○표 해 보세요.

> 698년, 고구려가 망한 지 30년 만에 고구려를 잇는 새로운 나라가 건국되었다.
>
> 그 나라의 이름은 (통일 신라 , 발해)다.
>
> 이 나라는 (대조영 , 김유신)이 고구려 유민과 (거란족 , 말갈족)을 모아
> 동모산 일대에 세웠다.

❷ 다음 설명 글과 초성 힌트를 보고 알맞은 답을 써 보세요.

> (1) 발해는 강력한 군사력으로 땅을 넓히고, 주변 나라와 활발하게 교류하여 제
>
> 도와 문화를 발전시켰다. 그래서 당에서는 동쪽의 번성한 나라라는 뜻으로
>
> ㅎ ㄷ ㅅ ㄱ (이)라 불렀다.

> (2) 고구려는 북쪽에 자리해 추운 날이 많은 나라였다. 그래서 독특한 난방법이 있었는
>
> 데 이것을 발해에서도 그대로 사용했다. 아궁이에 불을 지펴 방바닥을 데우는 난방
>
> 방식으로 ㅇ ㄷ (이)라고 한다.

서술·논술 완벽 대비

❶ 다음 문화유산을 보고 고구려와 발해의 관계에 대해 설명해 보세요.

고구려의 수막새   발해의 수막새

고구려 온돌 터

✐

❷ 발해에는 여러 갈래 교역로가 있었습니다. 이를 통해 알 수 있는 내용을 써 보세요.

✐

통일 신라의 불교문화

'통일 신라' 하면 뭐가 떠오르니?

음… 불국사와 석굴암이요!

저는 바다의 왕자 장보고요!

삼국을 통일한 뒤 문무왕은 궁궐에 '동궁과 월지'를 만들었어. 동궁과 월지는 왕자가 거주한 곳이자, 거대한 인공 연못이 있어서 연회를 베풀던 곳이야. 그리고 문무왕은 나라의 위엄을 세우고, 부처의 힘으로 나라를 지킨다는 생각으로 '감은사'라는 큰 절을 지었어.

이후 통일 신라의 왕과 귀족들은 곳곳에 절과 탑, 불상을 만들었지. 삼국 시대부터 발달해 온 불교문화가 통일 신라 시대에 꽃을 피웠다고 할 수 있어. 대표적인 것이 유네스코 세계유산에 지정된 '불국사'와 '석굴암'이지.

불국사는 '부처의 나라'라는 뜻의 이름이 붙은 절이야. 독창적이고 건축미가 뛰어난 건축물에 경주 불국사 삼층석탑(석가탑)과 다보탑

◀ 경주 불국사 삼층석탑

무구정광대다라니경 목판 복원품

까지 있어서 문화적인 가치가 높아. 특히 석가탑에서는 세계에서 가장 오래된 목판 인쇄물인 '무구정광대다라니경'이 나왔단다.

1966년 석가탑을 보수하기 위해 탑을 분해하는데 탑 속에 무언가가 있었어. 말린 종이를 조심스럽게 살피니 불경이 인쇄되어 있지 뭐야. 그건 목판으로 인쇄한 무구정광대다라니경이었지.

석굴암은 신라의 뛰어난 건축 기술과 과학 기술을 볼 수 있는 문화유산이야. 석굴암은 동굴 속에 불상과 조각물을 둔 것인데 동굴 만드는 기술이 아주 놀라워. 300개가 넘는 돌을 여러 방향으로 쌓아 올려서 기둥 하나 없이 넓은 공간을 완성했어. 이런 방법은

경주 불국사 다보탑

다른 나라에서 찾아보기 힘든 건축 기술이었지. 또 석굴암은 동굴 내부의 높은 온도와 습도로 건축물이 망가지지 않도록 바닥으로 항상 차가운 물이 흐르게 했어. 이렇게 하면 동굴 안 습기가 바닥으로 모여 건조한 상태를 유지할 수 있다고 해. 어때, 우리 선조들의 과학적인 방법에 감탄이 절로 나오지?

통일 신라는 불교문화가 발전한 만큼 승려도 많았어. 그중 원효대사는 불교를 널리 알리기 위해 노력한 인물이지. 어떻게 그게 가능했느냐고?

원효대사가 불경 공부를 위해 당나라로 가던 길이었어. 동굴에서 하룻밤을 보내게 된 원효대사는 깊은 밤, 목이 너무 말라 어둠 속에서 겨우 물을 찾아 마셨어. 그런데 아침에 일어나 자기 옆에 있던 물을 보고 깜짝 놀랐지 뭐야.

"아이쿠, 내가 마신 물이 해골에 고인 물이었다니."

너무나 시원하고 맛있었던 물이 해골에 고인 물이란 것을 알게 된 원효대사는 그 길로 신라에 돌아왔어. 불경 공부보다 자신이 어떤 마음을 먹는지가 더 중요하다는 걸 깨달은 거야.

"어려운 불경을 외우지 못해도 깨달음을 얻을 수 있습니다. 나무아미타불만 외워도 충분합니다."

원효대사의 말에 사람들은 불교와 더 가까워질 수 있었지.

통일 신라의 발전은 활발한 대외 교류 속에서 이루어졌어. 전쟁을 치른 당나라와는 한동안 사이가 좋지 않았지만, 시간이 지나면서 교류가 점차 늘어났지. 또 무역항을 통해 일본이나 중앙아시아, 멀리 서역까지 교역을 했어. 귀족들을 위한

경주 석굴암 내부

진귀한 보석과 향료, 모직물이 수입됐고, 신라
의 금과 은 세공품, 인삼 등이 팔려 나갔지.

또 당나라로 유학을 떠나는 승려와 유학생도
늘었어. 평민 출신이던 장보고도 뛰어난 무예
실력으로 당나라의 관리가 되었지.

그런데 가만히 보니 신라 사람들이 자꾸 당
나라 노비로 팔려 오는 거야. 그건 해적들 때
문이었어. 8세기 후반, 귀족들이 권력 다툼에
빠져 아무도 바닷길을 관리하지 않아 해적이 판을 쳤거든. 장보고는
해적에게 고통받는 신라 사람들을 보고만 있을 수 없어서 직접 나서
기로 했어. 완도에 청해진을 세우고 수군을 훈련 시켜 본격적으로 해
적 소탕 작전을 펼친 거야. 그 덕분에 신라는 주도적으로 당나라, 일
본과 활발한 무역할 수 있었지.

하지만 신라 사회의 혼란이 사라진 건 아니야. 귀족들의 권력 다툼
으로 흔들리던 신라 사회는 점점 더 심한 혼란에 빠졌어.

청해진 오늘날의 완도
에 설치한 진으로 중국
과 일본 사이의 중계 무
역지였어.

왠지 분위기가
심상치 않네요.

이렇게 혼란이 시작되는 건 또
다른 변화가 생긴다는 말이겠지?

으아~ 너무 궁금해요!
빨리 다음 2권으로 고고!

핵심 콕콕 역사 퀴즈

1 다음 문화유산의 이름을 써 보세요.

(1)

(2)

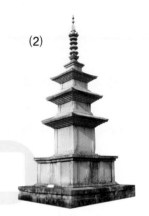

2 진쌤과 미루, 은파가 대화를 하고 있어요. 빈칸에 들어갈 낱말을 보기 에서 골라 써 보세요.

보기

불국사   동궁과 월지   문무왕

삼국을 통일하자 (1) ＿＿＿＿＿＿＿＿＿ 은/는 궁궐에 인공 연못으로 둘러싸인 왕자의 거주지를 만들었어.

아, 이름이 (2) ＿＿＿＿＿＿＿＿＿ (이)죠.

경주에는 '부처의 나라'라는 이름의 절도 있었어.

(3) ＿＿＿＿＿＿＿＿＿ 요!

서술·논술 완벽 대비

① 석굴암은 사람이 만든 동굴로 항상 습기 없이 건조하게 유지되도록 만들어졌어요. 석굴암을 쾌적한 상태로 유지하기 위해 사용된 방법을 설명해 보세요.

습기를 없애기 위한 과학적인 방법은?

② 어두운 동굴에서 맛있게 먹은 물이 해골에 고인 물이란 걸 알게 된 원효대사는 무엇을 깨달았나요? 그리고 그 깨달음으로 사람들의 종교 생활을 어떻게 변화시켰는지 써 보세요.

불교가 훨씬 친근하게 느껴지는걸.

한눈에 쏙 마인드맵

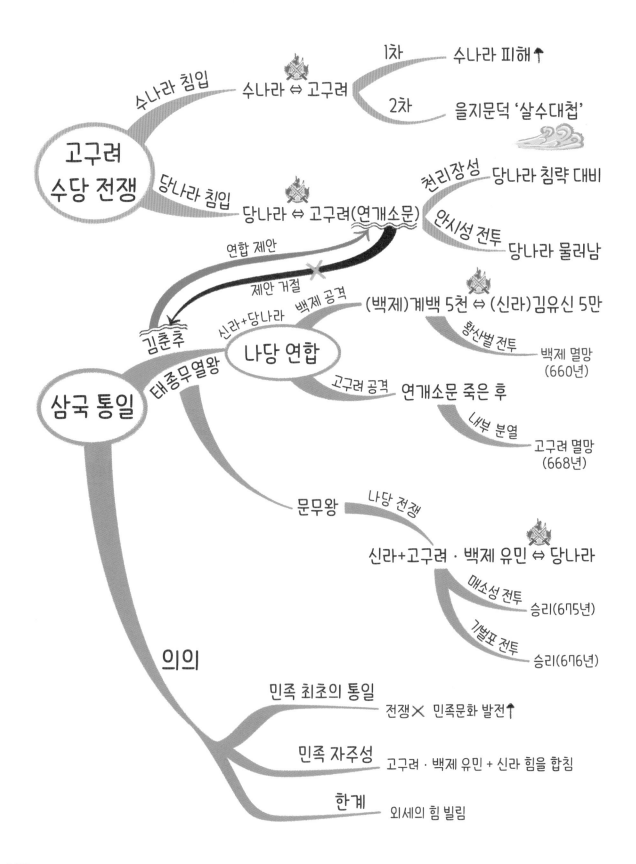

수나라 침입 → 수나라 ⇔ 고구려
- 1차 → 수나라 피해↑
- 2차 → 을지문덕 '살수대첩'

고구려 수당 전쟁

당나라 침입 → 당나라 ⇔ 고구려(연개소문)
- 천리장성 → 당나라 침략 대비
- 안시성 전투 → 당나라 물러남

연합 제안
제안 거절
김춘추

삼국 통일

태종무열왕

신라+당나라

나당 연합

백제 공격
- (백제)계백 5천 ⇔ (신라)김유신 5만
- 황산벌 전투 → 백제 멸망 (660년)

고구려 공격
- 연개소문 죽은 후
- 내부 분열 → 고구려 멸망 (668년)

문무왕 · 나당 전쟁
- 신라+고구려 · 백제 유민 ⇔ 당나라
  - 매소성 전투 → 승리(675년)
  - 기벌포 전투 → 승리(676년)

의의
- 민족 최초의 통일 → 전쟁✕ 민족문화 발전↑
- 민족 자주성 → 고구려 · 백제 유민 + 신라 힘을 합침
- 한계 → 외세의 힘 빌림

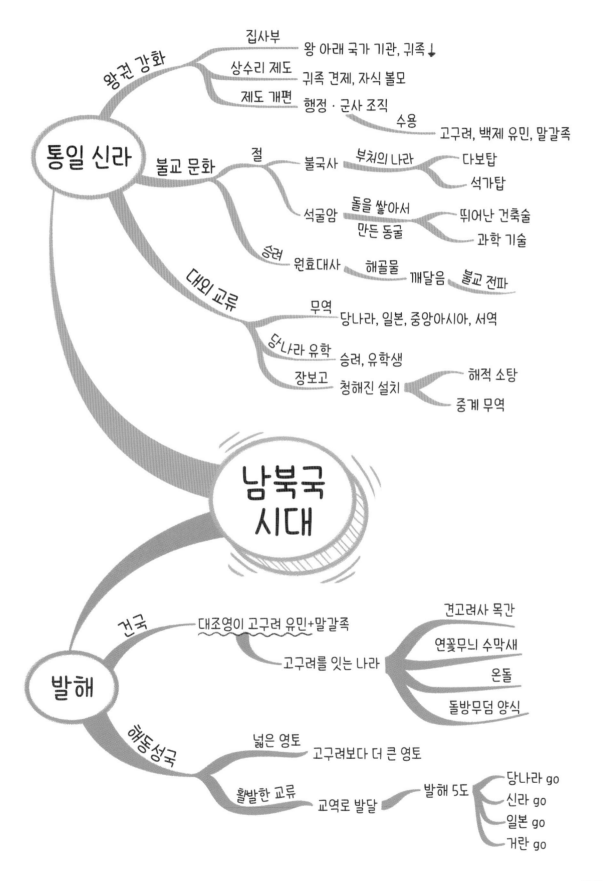

통일 신라

왕권 강화
- 집사부 — 왕 아래 국가 기관, 귀족↓
- 상수리 제도 — 귀족 견제, 자식 볼모
- 제도 개편 — 행정·군사 조직
  - 수용 — 고구려, 백제 유민, 말갈족

불교 문화
- 절
  - 불국사 — 부처의 나라
    - 다보탑
    - 석가탑
  - 석굴암 — 돌을 쌓아서 만든 동굴
    - 뛰어난 건축술
    - 과학 기술
- 승려 — 원효대사 — 해골물 — 깨달음 — 불교 전파

대외 교류
- 무역 — 당나라, 일본, 중앙아시아, 서역
- 당나라 유학 — 승려, 유학생
- 장보고 — 청해진 설치
  - 해적 소탕
  - 중계 무역

남북국 시대

발해

건국 — 대조영이 고구려 유민+말갈족
- 고구려를 잇는 나라
  - 견고려사 목간
  - 연꽃무늬 수막새
  - 온돌
  - 돌방무덤 양식

해동성국
- 넓은 영토 — 고구려보다 더 큰 영토
- 활발한 교류 — 교역로 발달 — 발해 5도
  - 당나라 go
  - 신라 go
  - 일본 go
  - 거란 go

○ 삼국 통일을 이끈 신라의 김춘추를 인터뷰한 기사입니다. 나머지 기사를 완성해
보세요.

삼국 통일의 주역, 김춘추 단독 인터뷰

🎤 기자: 안녕하세요? 먼저 삼국 통일을 이룬 소감부터 말씀해 주시죠.

김춘추:

🎤 기자: 나당 연합을 놓고 조금 아쉬워하는 사람들도 있는데, 이에 대해 한 말씀해 주시
겠어요?

김춘추:

🎤 기자:

김춘추:

○ 발해를 홍보하는 책자를 만들어 보세요.

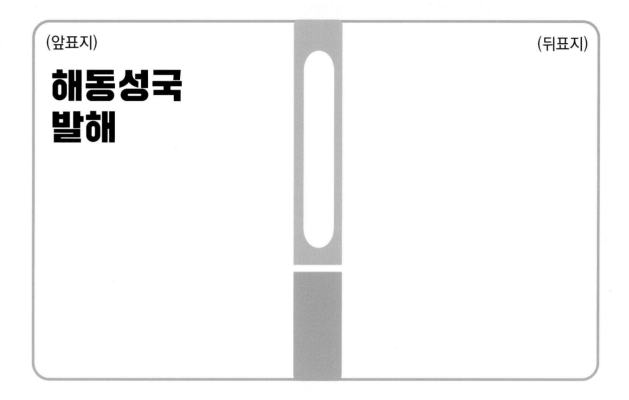

(앞표지)

해동성국
발해

(뒤표지)

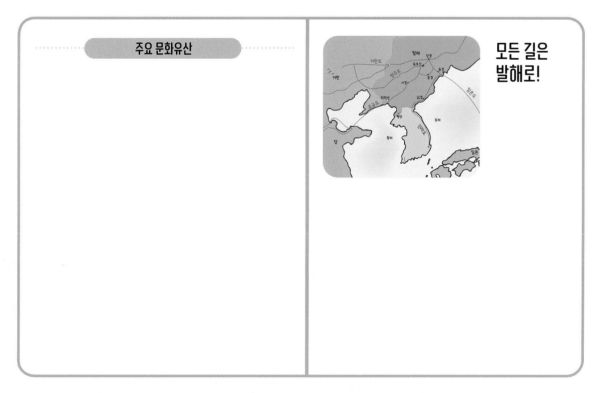

주요 문화유산

모든 길은
발해로!

MEMO

진짜진짜

한국사 교과서 논술

1권

선사~남북국

정답 및 해설

1주 1일

핵심 콕콕 역사 퀴즈　16쪽

❶ (1) 채집 (2) 슴베찌르개 (3) 뗀석기
　(4) 주먹 도끼
❷ (1) 이동 (2) 동물의 가죽 (3) 동굴

❶ (1) 구석기인들은 자연에 의존하여 먹고살았습니다. 사냥을 하거나 물고기를 잡고, 열매를 따는 채집으로 먹거리를 구했어요.
　(2) 슴베찌르개는 긴 나무 자루에 꽂아서 사용한 돌 도구입니다.
　(3) 뗀석기는 돌을 떼어 내어 만든 도구라는 뜻입니다.
　(4) 구석기 시대의 대표적인 도구는 주먹 도끼로 땅을 파고, 가죽을 벗기는 등 다양하게 쓰였습니다.
❷ (1) 구석기인들은 먹을 것을 찾아 이동하며 살았습니다.
　(2) 구석기인들은 나뭇잎이나 풀, 동물 가죽으로 옷을 지어 입었습니다.
　(3) 구석기인들은 동굴이나 막집에서 살았습니다.

서술·논술 완벽 대비　17쪽

❶ 동물과 다른 인류의 특징은 두 발로 걷는 '직립 보행'과 '도구', '불'을 이용했다는 것입니다. 이 세 가지 특징을 넣어 인류의 특징을 설명해 보세요. 세 가지 차이점으로 인류는 동물과 다른 모습으로 생활하고 발전했답니다.
❷ 구석기인들이 한곳에 머물지 않고 이동하며 생활한 것은 먹을 것을 찾기 위해서였습니다. 머물던 곳에서 먹을 것이 없어지면 이동한 것이지요.

1주 2일

핵심 콕콕 역사 퀴즈　22쪽

❶ (1) 가락바퀴 (2) 빗살무늬 토기
　(3) 갈돌과 갈판 (4) 돌보습
❷ (1) 움집 (2) 간석기

❶ (1) 신석기 시대에는 더 다양한 도구가 만들어졌어요. 가락바퀴는 실을 만들 때 사용한 도구지요.
　(2) 신석기 시대에는 토기를 만들어 식량을 보관했어요. 신석기 시대의 대표적인 토기는 빗살무늬 토기입니다.
　(3) 갈돌과 갈판은 열매나 곡식의 껍질을 벗기거나 가루로 만들 때 사용한 도구입니다.
　(4) 농사를 위해 땅을 갈 때 이용한 도구는 돌보습입니다.
❷ (1) 신석기인들은 농사를 지으며 한곳에 머물러 살게 되었습니다. 그래서 움집을 짓고 마을을 이뤄 모여 살았습니다.
　(2) 신석기 시대에는 도구 만드는 기술이 발전하여 돌을 갈아 도구를 만들었습니다. 이것을 간석기라고 합니다.

서술·논술 완벽 대비　23쪽

❶ 빗살무늬 토기의 빗살무늬는 신석기인들이 빗물이나 햇살을 그린 것으로 추측하기도 해요. 당시에는 날씨가 생활에 큰 영향을 미쳤기 때문이지요. 자연에 의존했던 신석기인들의 마음이 되어 자유롭게 토기에 무늬를 그려 보세요.
❷ 움집은 구석기 시대 막집보다 살기 좋게 만들어졌어요. 땅을 파서 움을 만들고 나무 기둥을 세워 단단하게 집의 틀을 완성한 다음 그 위에 풀이나 짚을 올려서 지붕을 덮었지요. 집 한쪽에는 문을 만들어 드나들기 편하게 했고, 집 한가운데 화덕을 만들어 겨울에는 따뜻하게 만들었어요. 화덕에서는 음식을 만들 수도 있었고요. 이런 편리한 점을 들어 움집에 대한 설명을 해 보세요.

핵심 콕콕 역사 퀴즈 28쪽

❶ (1) ○ (2) ○ (3) × (4) ○
❷ 2, 4, 1, 3

❶ (1) 청동기 시대에는 마을끼리 전쟁을 벌여 농사지을 땅을 넓히는 일이 생기곤 했어요.

(2) 청동기 시대는 제정일치 사회였어요. 마을의 지도자인 족장이 마을을 대표하여 하늘에 제사를 지내는 제사장 역할도 했지요.

(3) 청동기는 만들기 어려워서 일부 사람들만 사용하고, 가질 수 있었어요.

(4) 청동기 시대에 들어서며 농사 기술의 발달로 벼농사를 짓게 되었어요.

❷ 고인돌을 만들기 위해서는 우선 지렛대의 원리를 이용해서 받침돌을 세워요. 그리고 덮개돌을 올리기 위해 받침돌 사이와 주변에 흙을 가득 채우지요. 무거운 덮개돌은 통나무를 깔아 위로 끌어 올려요. 이제 채웠던 흙을 걷어 내면 고인돌이 완성돼요.

서술·논술 완벽 대비 29쪽

❶ 제사장, 청동 방울, 청동 거울, 청동 검
❷ 고인돌은 '괴어 있는 돌'이라는 뜻을 가진 무덤이에요. 무덤을 만들었다는 것을 통해 당시 장례 문화가 있었음을 알 수 있어요. 그리고 무거운 돌을 여러 사람이 힘을 모아 옮긴 것으로 보아 높은 계급을 가진 사람이 있었다는 것도 알 수 있어요.

핵심 콕콕 역사 퀴즈 34쪽

○ (1) 고조선 (2) 단군왕검 (3) 비파형 동검
(4) 미송리식 토기

○ (1) 고조선은 우리나라 최초의 국가입니다.

(2) 단군왕검의 '단군'은 하늘에 제사를 지내는 제사장을 뜻하고, '왕검'은 정치를 하는 지배자를 뜻해요. 단군왕검이라는 말을 통해 고조선이 제정일치 사회였다는 것을 알 수 있지요.

(3) 비파형 동검은 중국식 동검과 달리 칼과 자루를 따로 만들어 끼워서 완성했어요.

(4) 청동기 시대 대표적인 토기는 미송리식 토기로 토기에 손잡이가 달린 것이 특징입니다.

서술·논술 완벽 대비 35쪽

❶ (1) 비, 바람, 구름은 날씨와 관련이 있어요. 날씨는 농사에 영향을 주니 농사를 지었음을 알 수 있어요.

(2) 곰과 호랑이 같은 동물을 숭배했고, 곰 부족과 호랑이 부족이 있었음을 추측할 수 있어요.

(3) 곰 부족이 고조선과 힘을 합쳤음을 알 수 있어요.

❷ 사람을 다치게 하거나 죽이면 벌금을 물리고, 사형에 처한다는 것은 사람의 목숨을 귀하게 여겼다는 의미입니다. 또 잘못을 곡식으로 갚으라는 것은 주로 농사를 지으며 살았다는 것을 보여 주지요. 도둑질이 죄가 되는 것은 사유 재산을 인정하는 사회였다는 뜻이고요. 죄를 지으면 노비로 삼는다는 것은 신분 제도가 있었다는 것을 보여 줍니다.

1주 5일

핵심 콕콕 역사 퀴즈   40쪽

○ (1) 부여 (2) 옥저 (3) 동예 (4) 고구려
    (5) 부여 (6) 동예

○ (1), (5) 부여는 고조선이 건국되고 얼마 뒤 생긴 나라로 사냥을 하고 가축을 많이 길러서 지방 관리 이름에 동물 이름을 따서 '마가', '우가', '저가' 등으로 불렀어요. 부여의 제천 행사는 사냥이 시작되는 12월에 열렸어요.

(2) 옥저에는 어린 여자아이를 데려다 키워서 며느리로 삼는 '민며느리제'가 있었어요.

(3), (6) 부족 국가마다 하늘에 제사를 지내는 제천 행사가 있었는데요. 동예는 '무천', 부여는 '영고', 고구려는 '동맹'이 있었어요.
동예는 마을과 마을 사이에 구분이 확실했어요. 대신 결혼은 부족간의 교류를 넓히기 위해 다른 부족과 했습니다.

(4) 고구려는 주몽이 세운 나라로 훗날 부여를 정복하는 등 큰 나라로 발전합니다.

서술·논술 완벽 대비   41쪽

❶ 제천 행사의 공통점은 모두 하늘에 제사를 지내고 사람들이 어울려 춤과 노래를 즐겼다는 것입니다. 하늘에 제사를 지낸 것은 농사를 짓는 데 날씨의 영향이 크기 때문에 하늘을 신처럼 섬겼다는 것을 의미합니다. 또 제천 행사에서 부족 사람들이 어울려 즐긴 것을 통해 문화와 예술을 즐기고 발전시켰다는 것을 알 수 있습니다.

❷ 주몽은 고구려를 세운 인물로, 건국 이야기에서 뛰어난 모습을 보여 주려 했을 것입니다. 따라서 말을 잘 타고, 활을 잘 쏘는 것은 당시 고구려에서 아주 중요하게 여긴 것임을 알 수 있습니다. 고구려는 무예를 중요하게 여긴 것이지요. 이것은 훗날 고구려가 강한 군사력으로 영토를 넓히는 원동력이 됩니다.

2주 1일

핵심 콕콕 역사 퀴즈   52쪽

❶ (1) ○ (2) ○ (3) × (4) × (5) ○
❷ (1) 신라 (2) 가야

❶ (1) 삼한에는 78개의 크고 작은 나라가 있었어요. 이 나라들은 크게 마한, 진한, 변한으로 구분되었지요.

(2) 삼한은 마한, 진한, 변한을 가리키는 말이에요.

(3) 삼한은 제정일치 사회가 아니었어요. 왕이 나라를 다스리고, 제사장인 천군이 하늘에 제사를 지냈습니다.

(4) 소도는 신성한 곳이어서 함부로 들어갈 수 없었어요.

(5) 하늘을 나는 새를 특별하게 여겨 솟대 끝에 달아 놓았어요.

❷ (1) 마한은 백제가 되고, 진한은 후에 신라가 됩니다.

(2) 철광석이 풍부했던 변한은 훗날 가야가 되어 철기 문화를 꽃피웁니다.

서술·논술 완벽 대비   53쪽

❶ 철기의 장점이 어떤 변화를 일으키는지 생각해 봅시다. 철기를 농기구로 사용하면 농사일을 쉽게 더 많이 할 수 있어서 더 많은 농사를 지을 수 있습니다. 그러면 농작물 수확이 늘어 먹고살기 좋아지지요. 또 철기는 강하고 날카로워서 좋은 무기가 됩니다. 무기가 발달하면 전쟁할 때도 유리해서 힘센 나라가 됩니다.

❷ 삼한의 지도와 설명 내용을 살펴서 답을 씁니다.
(1) 마한 (2) 진한 (3) 변한
특징: 마한은 삼한 중 가장 큰 연합 국가였고, 대부분 농사를 지었어요. 진한은 지리적으로 한쪽 끝에 있어 철기 문화가 늦게 전해졌지만, 이후 사로국을 중심으로 발전했지요. 변한은 철광석이 풍부하고 철기 만드는 기술이 뛰어나 주변 나라에 철을 수출할 정도였습니다.

핵심 콕콕 역사 퀴즈   58쪽

❶ (1) 주몽 (2) 박혁거세 (3) 온조
❷ (1), (3)

❶ (1) 고구려를 건국한 인물은 주몽입니다.

  (2) 신라를 건국한 박혁거세는 알에서 태어났다고 전해져요.

  (3) 주몽의 아들 온조는 고구려를 떠나 위례성에 백제를 세웠어요.

❷ (1) 풍납 토성은 백제의 옛 수도인 위례성의 유적입니다.

  (3) 경주에 있는 '나정'은 박혁거세가 알에서 태어난 곳으로 알려진 우물 터입니다.

서술·논술 완벽 대비   59쪽

❶ 온조가 어디에 자리를 잡고 백제를 세웠는지 설명하는 글을 씁니다.
온조는 고구려를 떠나 한강 유역 위례성을 수도로 정하고 백제를 세웠습니다.

❷ 건국 이야기에는 신비로운 내용이 담겨 있는데요. 고구려를 세운 주몽과 신라를 세운 박혁거세는 모두 알에서 태어난 공통점이 있습니다. 옛날 사람들은 하늘을 믿고 따랐지요. 그러면서 하늘을 나는 새를 하늘과 사람을 연결해 주는 특별한 존재로 여겼어요. 주몽과 박혁거세가 새처럼 알에서 태어난 것은 하늘의 자손이라는 것을 의미합니다.

핵심 콕콕 역사 퀴즈   64쪽

❍ (1) 국내성 – 유리왕
  (2) 동예 – 태조왕
  (3) 행정 구역 – 고국천왕
  (4) 한나라 – 미천왕
  (5) 불교 – 소수림왕

❍ 고구려는 여러 왕의 노력으로 고대 국가로 발전하는 기틀을 마련합니다. 제2대 왕인 유리왕은 다른 나라의 침입을 효과적으로 막을 수 있도록 수도를 졸본에서 국내성으로 옮겨요.
태조왕은 옥저와 동예를 고구려로 흡수하지요.
고국천왕은 진대법을 실시하여 백성들이 살기 좋게 돕고, 지방 행정 구역을 정비해서 왕권을 강화해요.
미천왕에 이르러서는 한반도 곳곳에 있던 한나라 군대를 모두 몰아내는 쾌거를 이루지요.
소수림왕은 고구려의 기틀을 마련한 왕으로 꼽혀요. 소수림왕 때 불교를 받아들여 백성들의 마음을 하나로 모으고, 왕의 권위도 다졌지요. 또 교육 기관인 태학을 만들어 인재를 키우고, 율령을 반포하여 나라의 질서를 만들었답니다.

서술·논술 완벽 대비   65쪽

❶ 진대법은 국가에서 가난한 백성에게 곡식을 빌려주는 제도입니다. 고구려 백성들은 흉년이 들거나 형편이 어려울 때 귀족에게 곡식을 빌렸다가 제때 갚지 못해서 노비가 되는 일이 있었는데 나라에서 진대법을 만들어 어려운 백성을 도운 것입니다.

❷ 율령은 오늘날의 법과 같습니다. '율'은 형벌을 정한 것이고, '령'은 관직 체계와 나라의 제도를 정한 것이지요. 율령의 반포로 나라의 법과 제도가 만들어지면서 나라의 질서를 잡게 되었습니다.

2주 ❖❖❖❖❖❖❖❖ 4일

핵심 콕콕 역사 퀴즈   70쪽

❶ (1) 고이왕 (2) 근초고왕 (3) 침류왕
❷ (1)

❶ 고이왕은 백제에 중앙집권적인 국가 기틀을 만든 왕이에요. 율령 반포로 나라의 질서를 세웠고, 왕 아래 6좌평을 두어 나랏일을 맡기는 관직 제도를 만들고, 관직에 따라 다른 색의 옷을 입는 관복 제도까지 만들었지요.
백제의 전성기를 이룬 왕은 근초고왕이었어요. 4세기 후반 백제 근초고왕은 고구려의 평양성을 공격하고, 일본과 중국까지 세력을 넓혔어요. 근초고왕이 일본왕에게 보낸 '칠지도'는 백제가 일본에 미친 영향력을 보여 주는 유물이지요.
침류왕은 불교를 받아들여 백성의 마음을 하나로 모으고 왕권을 강화했어요.

서술·논술 완벽 대비   71쪽

❶ 고이왕은 6좌평을 두었습니다. 6좌평은 왕 아래 두었던 관직입니다. 왕이 관직을 정함으로써 관리들이 왕에 충성하게 만들 수 있습니다. 그리고 관복 제도를 만들어 옷을 통해 높고 낮음을 드러내는 것 또한 왕의 권위를 높이는 효과가 있습니다. 또한 나라에 필요한 법도 만들었습니다. 법은 나라를 다스리는 원칙을 만든 것과 같습니다. 따라서 법 제정으로 나라의 질서를 세울 수 있습니다.

❷ 첫째, 백제는 남쪽으로 진출하려는 고구려를 막아내기 위해 전쟁을 했습니다. 둘째, 고구려를 공격하여 황해도 남쪽 지역을 차지함으로써 중국으로 가는 쉬운 길을 차지하게 되었습니다. 이후 백제는 중국과 활발한 교류를 했습니다.

2주 ❖❖❖❖❖❖❖❖ 5일

핵심 콕콕 역사 퀴즈   76쪽

◉ ① 소수림왕 ② 광개토 대왕 ③ 한강
　　㉠ 광개토 대왕릉비 ㉡ 장수왕 ㉢ 평양성

◉ 고구려는 17대 소수림왕이 율령을 반포하고, 불교를 받아들이며 나라의 기틀을 마련한 후, 19대 광개토 대왕이 만주까지 영토를 넓히며 전성기를 이룹니다. 광개토 대왕의 업적은 아들인 장수왕이 세운 광개토 대왕릉비에 자세히 기록되어 있습니다.
장수왕은 광개토 대왕에 이어 고구려의 세력을 남쪽으로 확장하고, 고구려의 수도를 국내성에서 평양성으로 옮깁니다.

서술·논술 완벽 대비   77쪽

❶ (1) 광개토 대왕릉비
(2) 장수왕
(3) 장수왕이 아버지 광개토 대왕을 위해 세운 비석으로 고구려의 건국과 고구려 왕들의 업적을 기록했으며, 특히 광개토 대왕의 업적을 자세히 기록했습니다.

❷ 한강은 한반도의 중심에 있어서 한반도 전체를 다스리기 좋은 위치였어요. 또 강이기 때문에 어디든 배를 타고 이동하기 편리했지요. 한강의 풍부한 물은 농사를 짓는 데도 유리했답니다.

핵심 콕콕 역사 퀴즈   88쪽

❶ ⑷
❷ ⑴ 지증왕 ⑵ 법흥왕 ⑶ 지증왕 ⑷ 지증왕
   ⑸ 법흥왕

❶ 내물왕 이후부터 차근차근 고대 국가로 나아간 신라는 눌지왕 때 백제와 동맹을 맺으면서 고구려의 간섭에서 벗어나게 됩니다.

❷ 지증왕과 법흥왕은 신라의 기틀을 마련한 대표적인 왕입니다. 지증왕은 서라벌, 사로국이라 불리던 나라의 이름을 '신라'로 정하고, 왕의 칭호를 사용합니다. 백성들에게는 소를 이용한 농사법을 권하여 나라 살림을 늘리고, 우산국을 정벌하여 신라의 영토를 넓히지요. 법흥왕은 율령을 반포하여 나라의 질서를 만들고, 불교를 공인하여 불교를 통해 백성들의 마음을 모으며, 왕권을 강화했습니다.

서술·논술 완벽 대비   89쪽

❶ 고구려 장수왕의 남쪽 진출로 백제는 한강 유역에서 밀려나 웅진(지금의 공주)으로 수도를 옮긴 상황이었고, 신라는 고구려에게 도움을 받은 뒤 간섭을 받고 있는 상황이었습니다. 두 나라는 힘을 모아 고구려를 견제하려고 한 것이지요.

❷ 이차돈이 어떤 인물인지 이해하고 가상 인터뷰를 해 보세요. 이차돈은 불교에 대한 신앙심이 깊었고, 법흥왕을 돕는 신하이기도 했습니다. 그래서 불교를 널리 알려 왕의 권한도 더 강화되도록 애를 썼을 것입니다.

핵심 콕콕 역사 퀴즈   94쪽

❶ 4-1-3-2
❷ ⑴ 신라 ⑵ 진흥왕 ⑶ 새로 넓힌 땅이 신라의 영토임을 알리기 위해
❸ 골품제

❶ 한강을 차지하고 남쪽으로 진출한 고구려를 견제하기 위해 신라와 백제는 힘을 모으기로 약속합니다. 이것이 나제 동맹이지요. 나제 동맹 이후 신라와 백제는 고구려를 공격하여 한강을 빼앗고 한강 상류와 하류를 각각 차지하는데, 후에 진흥왕은 나제 동맹을 깨고 백제를 공격하여 한강을 모두 차지합니다.

❷ 진흥왕 순수비는 신라의 진흥왕이 새로 넓힌 땅이 신라의 영토임을 알리기 위해 세운 비석입니다.

❸ 신라는 골품제라는 철저한 신분 제도가 있었습니다. 성골만이 왕이 될 수 있었지요.

서술·논술 완벽 대비   95쪽

❶ 화랑도
화랑도는 신라의 청소년 수련 단체로 화랑으로 뽑힌 청년들은 무예를 익히고, 나라에 충성하는 마음을 키웠습니다. 화랑도의 활약으로 후에 신라는 삼국 통일을 이루지요.

❷ 신라는 골품제라는 철저한 신분제에 따라 생활했습니다. 신분에 따라 사는 집과 입는 옷이 정해지고, 능력이 뛰어나도 신분이 낮으면 높은 관직에 오를 수 없었어요. 철저한 신분제는 나라의 질서를 잡는 데 도움이 되었을지 모르나, 개인의 능력을 발휘하고 행복을 찾는 데는 큰 문제가 되었을 겁니다. 이렇게 신분제의 장점과 단점을 따져서 자신의 생각을 써 보세요.

3주 3일

❶ (1) 평민 (2) 귀족 (3) 천민
❷ (1) 백제 (2) 백제 (3) 신라 (4) 고구려

❶ 삼국 시대에는 사람의 신분을 귀족, 평민, 천민으로 구분했어요. 귀족은 나랏일을 하는 관리가 될 수 있었고, 땅과 노비를 많이 가졌습니다. 평민은 농사를 지어 나라에 세금을 내고, 전쟁이 나면 군인으로 나가 싸워야 했습니다. 천민은 귀족의 재산처럼 여겨서 귀족이 시키는 일을 하며 살았습니다. 그래서 물건처럼 사고파는 것이 가능했지요.

❷ 서산 용현리 마애 여래 삼존상과 산수 무늬 벽돌은 모두 백제의 문화유산입니다. 정교하게 조각하고 세련되게 표현한 것을 통해 백제의 뛰어난 문화를 느낄 수 있지요. 경주 분황사 모전석탑은 신라의 문화유산으로 원래 9층탑이었는데 현재는 3층만 남아 있습니다. 강서대묘의 현무는 고구려의 벽화로 도교 사상을 담아 표현한 것입니다.

서술·논술 완벽 대비　101쪽

❍ 이 문화유산은 백제의 금동 대향로입니다. 향로는 주로 불교 의식에 사용하는데, 화려한 조각이 가득한 금동 대향로는 백제의 절터에서 발견되었지요. 하지만 금동 대향로에는 불교뿐 아니라 도교 사상까지 담고 있어서 흥미롭습니다. 도교는 자연 속에서 만족하는 삶을 살기를 바라는 사상입니다. 향로에는 자연의 모습이 가득합니다. 향로 바닥에 조각한 물속 모습, 중간에는 땅 위에 사는 동물과 신선, 꼭대기에는 하늘을 나는 새를 조각했지요. 이렇게 정교하게 조각된 금동 대향로의 모습을 천천히 감상하고 자신의 느낌을 자세히 글로 표현해 봅니다.

3주 4일

❶ 무령왕릉
❷ (1) 서역 (2) 중국

❶ 석수와 금제 관식은 무령왕릉에서 나온 유물입니다. 무령왕릉은 중국의 영향을 받아 벽돌을 쌓아 만들었습니다. 무령왕릉의 발견으로 우리는 백제 시대 문화를 잘 이해할 수 있게 되었습니다.

❷ (1) 신라의 무덤에서 발견된 유리병으로 유리병이 만들어진 곳은 신라가 아니라 서역이었습니다. 이를 통해 신라가 서역까지 교류했음을 알 수 있습니다.

(2) 무령왕릉에서 발견된 석수입니다. 석수는 중국에서 악귀를 쫓아내기 위해 두는 것으로 당시 중국과 교류했음을 보여 줍니다.

서술·논술 완벽 대비　107쪽

❶ 굴식 돌방무덤은 먼저 돌로 방을 만들고, 그 위에 흙을 덮어 완성합니다. 고구려에서는 돌방의 벽에 벽화를 그려 넣었습니다.
돌무지 덧널무덤은 신라의 무덤 양식입니다. 먼저 나무로 무덤의 방을 만들고 그 위에 돌을 쌓고, 다시 흙을 덮어 만들었습니다. 따로 출입문을 두지 않아 무덤에 들어가기 어려웠습니다. 그래서 신라의 무덤은 잘 보존되어 오늘날까지 전해질 수 있었습니다.

❷ 무령왕릉은 백제 왕과 왕비의 무덤을 발굴한 것이라서 백제 문화를 자세히 볼 수 있는 귀중한 자료입니다.
무령왕릉에서 발견된 장신구는 백제 문화의 화려함과 정교함을 보여 주지요. 그리고 무덤에 있던 중국 도자기와 화폐, 일본 소나무로 만든 관을 통해 백제의 활발한 국제 교류를 알 수 있어요.

핵심 콕콕 역사 퀴즈 · 112쪽

❶ (2)

❷ (1) 거북 (2) 머리 (3) 하늘 (4) 황금알
(5) 김수로

❶ 가야는 신라와 백제 사이에 있어서 두 나라가 공격하기 좋은 위치였어요. 그래서 나중에는 신라에 멸망하고 말지요.

❷ 《삼국유사》에는 가야의 건국 이야기가 담겨 있어요. 여러 건국 이야기처럼 가야의 건국 이야기도 알에서 나온 인물이 나라를 세우지요. 나라를 건국한 사람을 신성시해서 자신의 나라가 특별함을 강조하는 거예요.

서술·논술 완벽 대비 · 113쪽

❶ 금관가야는 옛 변한 지역에 세운 나라입니다. 따라서 철광석이 풍부하고 철 다루는 기술이 뛰어났지요. 금관가야는 철기를 주변 나라에 수출하고, 철로 만든 덩이쇠를 화폐처럼 사용할 정도였습니다.

❷ 가야는 삼국 시대 내내 존재했던 나라이고, 뛰어난 철기 기술과 문화를 가진 나라였습니다. 따라서 가야를 포함하여 사국 시대로 하자는 의견이 있습니다. 하지만 가야가 끝내 하나의 나라로 통합되어 발전하지 못했기 때문에 삼국과 같이 인정할 수 없다는 의견이 있습니다. 두 의견 중 어떤 것에 동의하는지 글을 써 보세요.

핵심 콕콕 역사 퀴즈 · 124쪽

❶ 2 - 3 - 6 - 4 - 5 - 1

❷ 연개소문, 안시성

❶ 중국을 통일한 수나라는 고구려에게 수나라를 큰 나라로 섬기라고 하지요. 하지만 고구려는 오히려 수나라를 공격해요. 이후 수나라 양제는 고구려의 수도인 평양성을 먼저 차지하겠다는 작전으로 평양성을 공격하지만 뜻대로 되지 않지요. 을지문덕 장군은 중국으로 돌아가는 수나라 군대를 기다렸다가 살수에서 큰 승리를 거둬요. 이후 수나라는 멸망하고 말지요.

❷ 수나라에 이어 중국에 들어선 당나라는 연개소문이 고구려 왕을 죽이고 권력을 쥔 것을 트집 잡아 고구려에 쳐들어와요. 하지만 안시성 전투에서 패하여 당나라로 돌아가야 했지요.

서술·논술 완벽 대비 · 125쪽

❶ 방파제는 파도를 막기 위해 항만에 쌓은 둑으로, 파도가 육지로 넘어오는 것을 막아 줍니다. 이처럼 무엇을 막거나 방패막이가 되어 주는 것을 흔히 방파제라고 합니다. 한반도 북쪽에 위치한 고구려는 중국과 국경이 맞닿아 있어서 중국의 침략을 받습니다. 그러나 국방력이 강한 고려가 중국의 침략을 여러 번 막아 내지요. 그러면서 중국이 한반도로 침략해 들어오는 것 또한 막아 줍니다. 그래서 고구려를 '한반도의 방파제'라고 할 수 있습니다.

❷ 천리장성은 고구려의 북쪽 국경선에 세웠는데요. 중국과 다른 민족의 침입을 막기 위해 쌓은 것입니다.

4주 2일

핵심 콕콕 역사 퀴즈   130쪽

❶ (1) ○ (2) × (3) × (4) ○ (5) ○ (6) ○
❷ (1) 나당 연합군 백제 공격
   (2) 나당 연합군 고구려 공격

❶ (2) 당나라는 힘을 모으자는 김춘추의 제안을 받아들여 나당 연합을 맺습니다.

(3) 백제의 계백 장군은 불리한 상황에서도 4번이나 신라군을 막아 냅니다. 하지만 결국에는 신라군에 패하고 말지요.

❷ 신라가 나제 동맹을 깨고 한강을 차지하자 백제의 의자왕은 신라를 공격하여 승리를 거둡니다. 그러자 신라는 당나라에 힘을 모을 것을 제안하여 나당 연합군이 만들어집니다. 나당 연합군은 먼저 백제를 공격하고, 이후 고구려까지 공격하여 승리를 거둡니다.

서술·논술 완벽 대비   131쪽

❶ (1) 백제는 왜(일본)와 군사적으로 돕는 관계였고, 신라는 고구려와 사이가 나빴어요. 백제와 고구려의 사이에서 살아남기 위해 신라는 당나라와 힘을 모으려고 했지요.

(2) 당나라는 고구려를 공격할 때 신라의 도움을 받기 위해 신라와 연합을 맺습니다.

❷ 황산벌 전투는 백제와 신라가 맞선 전투입니다. 신라의 김유신 장군이 5만 명의 군사를 이끌고 쳐들어오자, 백제의 계백 장군은 5천 명의 군사로 맞서지요. 계백 장군과 백제 군사들은 나라를 지키기 위해 끝까지 맞서 싸웠지만 결국에는 무너지고 말았어요. 이후 백제는 멸망하게 되지요.

4주 3일

핵심 콕콕 역사 퀴즈   136쪽

❶ 상수리 제도
❷ 고구려 유민, 백제 유민, 말갈족

❶ 상수리 제도는 왕권을 강화하기 위해 신문왕이 실시한 제도예요. 지방 귀족의 자식을 볼모처럼 왕이 있는 수도에 살게 하여 함부로 왕을 공격할 수 없게 한 것이지요.

❷ 삼국을 통일한 통일 신라는 고구려 유민과 백제 유민뿐 아니라 말갈족까지 받아들여 군대를 꾸렸어요.

서술·논술 완벽 대비   137쪽

❶ 신라, 당(나라)
백제와 고구려가 멸망한 뒤 당나라는 약속을 어기고 한반도 전체를 차지하려 했어요. 그래서 신라는 당나라를 몰아내기 위해 싸우지요. 나당 전쟁이 벌어진 거예요. 신라는 매소성과 기벌포에서 벌어진 전쟁에서 당나라에 승리하며 당나라를 몰아냈어요.

❷ 신라는 삼국 통일을 위해 당나라를 끌어들이고, 한반도 남쪽 땅만 차지했다는 한계가 있어요. 하지만 고구려, 백제 유민과 힘을 모아 당나라를 몰아내는 등 삼국의 백성을 하나로 모았으며, 자주적인 모습을 보였어요. 또 우리 민족 최초의 통일로 우리 문화의 바탕을 마련했다는 의미가 있지요.
이렇게 서로 다른 생각들을 모두 살펴본 다음, 자신의 생각을 정리해 글로 써 보세요.

핵심 콕콕 역사 퀴즈 142쪽

❶ 발해, 대조영, 말갈족

❷ (1) 해동성국 (2) 온돌

❶ 698년 고구려가 멸망한 지 30년 만에 대조영은 고구려 유민과 말갈족을 모아 고구려를 잇는 나라 '발해'를 건국했어요.

❷ (1) 발해는 군사력과 문화가 모두 번성하여 '동쪽의 번성한 나라'라는 뜻의 해동성국이라고 불렸지요.

(2) 중국은 발해가 중국에 속한 나라라고 주장합니다. 하지만 발해의 무왕은 발해가 고구려를 잇는 나라라고 주변 나라에 알렸어요. 그리고 발해의 온돌 문화는 중국에는 없는 고구려 때 쓰인 난방 방식입니다.

서술·논술 완벽 대비 143쪽

❶ 고구려의 수막새와 발해 수막새의 모습이 거의 비슷합니다. 고구려의 난방 방식인 온돌은 발해에서도 사용했지요. 이런 문화 유물과 유적을 통해 발해는 고구려를 잇는 나라라는 것을 알 수 있습니다.

❷ 발해의 교역로는 신라, 거란, 당, 일본까지 연결되어 있습니다. 다양한 교역로를 통해 발해의 활발한 대외 교류를 알 수 있습니다.

핵심 콕콕 역사 퀴즈 148쪽

❶ (1) 경주 불국사 다보탑
  (2) 경주 불국사 삼층석탑

❷ (1) 문무왕 (2) 동궁과 월지
  (3) 불국사

❶ 통일 신라는 불교 문화가 발달하였어요. 통일 신라 때 지은 불국사는 유네스코가 지정한 세계 문화유산으로 다보탑과 석가탑(경주 불국사 삼층석탑)이 있어요. 석가탑 안에서는 목판 인쇄물인 무구정광대다라니경도 발견되었답니다.

❷ (1), (2) 문무왕은 동궁을 짓고, 땅을 파서 인공 연못인 월지를 만들었어요. 월지는 왕이 연회를 베풀 때 이용되는 아름다운 곳이지요.

(3) 불국사는 '부처의 나라'라는 뜻을 가진 절입니다.

서술·논술 완벽 대비 149쪽

❶ 석굴암 바닥에 항상 차가운 물을 흐르게 했어요. 그러면 동굴 안 습기가 바닥으로 모여 동굴 속을 쾌적하게 유지할 수 있지요.

❷ 달고 맛있게 먹었던 물이 해골 속에 있던 물이라는 것을 알고, 원효대사는 불경 공부보다 중요한 것이 사람의 마음가짐이라는 것을 깨달아요. 그래서 사람들에게 어려운 불경을 알지 못해도 불교를 믿을 수 있다고 가르치지요. 신라 사람들은 불교를 친근하게 느끼고 더 많은 사람이 불교를 믿게 되지요.

1주

13쪽 주먹 도끼(국립중앙박물관) | 14쪽 슴베찌르개(국립청주박물관), 찍개 · 긁개(국립중앙박물관) | 15쪽 전곡리 주먹 도끼(국립중앙박물관), 두루봉 동굴 유적지(한국학중앙연구원) | 18쪽 돌괭이 · 돌보습(국립중앙박물관), 갈돌과 갈판(부산광역시립박물관) | 19쪽 돌 화살촉 · 가락바퀴(국립중앙박물관), 돌 낚싯바늘(국립김해박물관) | 20쪽 빗살무늬 토기(국립중앙박물관) | 21쪽 암사동 신석기 집터(문화재청) | 24쪽 거푸집(국립전주박물관) | 25쪽 돌낫(국립광주박물관), 반달 돌칼 · 돌칼 · 돌화살촉(국립중앙박물관), 민무늬 토기(국립나주박물관), 농경문 청동기(국립중앙박물관) | 26쪽 청동 방울 · 청동 거울(국립중앙박물관) | 27쪽 고인돌(한국학중앙연구원) | 30쪽 삼국유사(국립중앙박물관) | 33쪽 비파형 동검(국립중앙박물관), 세형 동검(강화역사박물관), 중국식 동검(국립전주박물관), 명도전(국립중앙박물관), 미송리식 토기(고려대학교박물관)

2주

49쪽 철광석 · 초기 철기들(국립중앙박물관) | 42쪽 솟대(셔터스톡) | 51쪽 검파 모양 동기 · 방패형 동기(국립중앙박물관), 쇠창(국립중앙박물관) | 54쪽 말 탄 사람을 그린 벽화(국립중앙박물관) | 55쪽 풍납리 토성(문화재청) | 57쪽 경주 나정(문화재청) | 61쪽 집 모양 토기 · 청동 세 발 솥(국립중앙박물관) | 62쪽 봉황 모양 꾸미개(국립중앙박물관) | 63쪽 금동 연가 7년명 여래 입상(국립중앙박물관) | 66쪽 백제 구슬들(국립중앙박물관) | 67쪽 청동 자루솥(국립중앙박물관) | 74쪽 광개토 대왕릉비(국립중앙박물관) | 75쪽 충주 고구려비(위키미디어커먼즈)

3주

85쪽 호우총 그릇(국립중앙박물관) | 87쪽 이차돈 순교비(국립경주박물관) | 92쪽 진흥왕 순수비(국립중앙박물관) | 93쪽 금제 허리띠 드리개(국립중앙박물관) | 97쪽 서산 용현리 마애 여래 삼존상(위키미디어커먼즈), 경주 분황사 모전석탑(한국학중앙연구원) | 98쪽 백제 금동 대향로(국립부여박물관) | 99쪽 산수 무늬 벽돌 · 강서대묘 사신도(국립중앙박물관) | 103쪽 무령왕릉 금제 관식 · 무령왕릉 석수(국립공주박물관) | 104쪽 장군총(위키미디어커먼즈), 무령왕릉 · 황남대총(한국학중앙연구원) | 105쪽 금관총 금관 · 금동 반가사유상 · 칠지도(국립중앙박물관), 봉수형 유리병(국립경주박물관) | 108쪽 가야 배 모양 토기(국립김해박물관), 수레바퀴 모양 토기 · 오리 모양 토기(국립중앙박물관) | 110쪽 덩이쇠(국립김해박물관) | 111쪽 비늘갑옷 조각(국립중앙박물관), 철제 투구(국립전주박물관), 철제 갑옷 · 금동 말 안장 꾸미개(국립중앙박물관)

4주

129쪽 임신서기석(국립경주박물관), 경주 태종무열왕릉비 귀부와 이수(문화재청) | 133쪽 문무대왕릉(한국학중앙연구원) | 141쪽 발해 연꽃무늬 수막새 · 고구려 연꽃무늬 수막새(국립중앙박물관) | 144쪽 경주 불국사 삼층석탑(위키미디어커먼즈), 무구정광대다라니경(국립청주박물관) | 145쪽 경주 불국사 다보탑(위키미디어커먼즈) | 146쪽 경주 석굴암 내부(문화재청)

MEMO